短期決戦の特効薬！

TOEIC®テスト
出まくり
リーディング

CD付

早川幸治 著

TOEIC is a registered trademark of Educational Testing Service (ETS). This publication is not endorsed or approved by ETS.

コスモピア

はじめに

「終了時刻となりました。筆記用具を置いてください」という試験官の合図で終わるTOEIC®テスト。

「あぁ、今回も最後まで終わらなかった……」
「あと10分あれば終わるのに……」

　最後の1分は問題冊子を見ることなく、マークシートの楕円に必死に黒丸を大量生産した経験はありませんか。これはどこの会場でも見られる光景です。

　まさにこの受験者の悩みを解決することこそが、本書の目的です。リーディング力を上げるために必要なものは何でしょうか。試験当日に速く読もうとしても、突然速くはなりません。仮にいつもより速く目を動かしたところで、いつもより理解度が下がるだけです。試験当日に速く読めるようにするためには、試験当日までに「速く読めるようにしておくこと」がポイントです。

　ところで、あなたが日本語のメールを読むときに、よく目にする表現はありませんか。「お世話になっております」「よろしくお願いいたします」「ご迷惑をおかけしてしまい、申し訳ありません」などなど。でも、これらの表現はちゃんと読まなくても頭に入りますよね。それは、「決まった言い回し」だからです。上級者はこのような言い回しやよく使われる表現（イディオム・コロケーション）が頭に入っているために、素早く読めるのです。「決まった言い回し」には、それ自体にあまり意味がない前置き的なものから、感謝や謝罪など決まった言い方をするもの、話の展開を示すものなど、さまざまです。これらに日常から慣れておくことで、試験当日は快適なスピードでサッと読めるようになり、その分本当に重要な内容に時間をかけることが可能となります。これにより、あなたの実力が引き出されるのです。

本書付属の CD には、アメリカとイギリスのネイティブスピーカーによる音声も収録されています。音声に沿って英文を読み、意味を理解するトレーニングなどもできるようになっています。現在のリーディングスコアが 150 〜 250 点の初・中級学習者はもちろんのこと、リーディングスピードが遅いために、スコアが伸び悩んでいるという方にも役立つ内容です。本書には、リーディングセクションに出てくる「決まった言い回し」とカタマリでそのまま覚えておきたいフレーズ（イディオム・コロケーション）が、センテンスの形で 450 も掲載されています。カギとなる表現だけではなく、センテンスをまるごと覚えておけば、実際のテストで大量に目にするはずです。

　また、ビジネス文書における「決まった言い回し」や「イディオム」「コロケーション」を知ることはリーディングだけでなく、ライティングにも役立ちます。ビジネス文書は「型」でできあがっています。速く読める・書けるのは、この「型」が身に着くからなのです。

　1 回ですべてを覚えようとせずに、何度も繰り返し聞いたり読んだりしてください。英文メールを書く機会がある方は、本書のフレーズをサンプルとして実際にそのまま、または応用して使ってみてください。使うことに慣れると、気づいたときには、ライティング力はもちろんのこと、驚くほどリーディングのスピードが上がっているはずです。本書の表現があなたのものになったとき、英文の見え方が変わります。

2014 年 8 月吉日
早川幸治

CONTENTS

はじめに ……………………………………………………… 2
本書の構成と使い方 ………………………………………… 6
TOEIC® テストについて …………………………………… 10
CD トラック表 ……………………………………………… 12

序章　PART 7の文書について …………… 13

第1章　メール・レターの定型表現 ………… 19
導入部で感謝を伝える表現①〜② ………………………… 20
導入部で謝罪を伝える表現 ………………………………… 22
全体の目的を伝える表現①〜⑩ …………………………… 23
用件を伝える表現①〜㉑ …………………………………… 33
依頼で使われる表現①〜⑨ ………………………………… 54
添付情報を伝える表現①〜② ……………………………… 63
補足情報を伝える表現①〜② ……………………………… 65
連絡手段を伝える表現①〜⑤ ……………………………… 67
結びに使われる表現①〜④ ………………………………… 72

第2章　文書形式別の定番表現　……………… 77
フォームで使われる表現 ………………………… 78
レポートで使われる表現 ………………………… 79
連絡文書で使われる表現………………………… 80
案内で使われる表現①〜② ……………………… 81
広告で使われる表現①〜③ ……………………… 83
求人広告で使われる表現①〜⑥………………… 86

第3章　覚えておきたい接続表現　……………… 93
接続表現①〜⑭ ………………………………… 94

第4章　リーディング頻出語句　………………109
重要コロケーション①〜⑳ ………………………110
よく出るフレーズ①〜㊻ …………………………130

【コラム】
本書の表現で英文メールを書こう！① ……………………………… 76
本書の表現で英文メールを書こう！② ……………………………… 92
本書の表現で英文メールを書こう！③ ……………………………… 108

本書の構成と使い方

■ ページの構成

第1章から第4章まで、ページの構成はすべて同じようになっています。各項目の内容は以下のとおりです。

●ユニットタイトル
各章における学習項目がタイトルで示されています。

●通し番号
英文の通し番号が表示されています。001〜450まで、合計で450個の英文があります。

●解説
ページの下段には、番号に対応する英文の解説が掲載されています。

●日本語訳
番号に対応する英文の日本語訳が掲載されています。

■ 付属CDの音声について

　付属のCDには、掲載されている英文の音声が番号順に収録され、アメリカ人とイギリス人のネイティブ・ナレーターが、450個の英文を交互に読み上げています。収録音声の一覧については、p.12のCDトラック表をご覧ください。

●2カ国語のナレーターで音声を収録

　付属CDに収録されているナレーターは、アメリカ人男性とイギリス人女性の2名です。該当する英文を読んでいるナレーターの国籍が、国旗で示されています。読まれている速度は、学習用にナチュラルスピードよりもやや遅くなっています。

　　アメリカ　　　イギリス

●トラック番号

　付属CDのトラック番号を表示しています。1つの見開きに掲載されている6つの英文が、1つのトラックに収録されています。

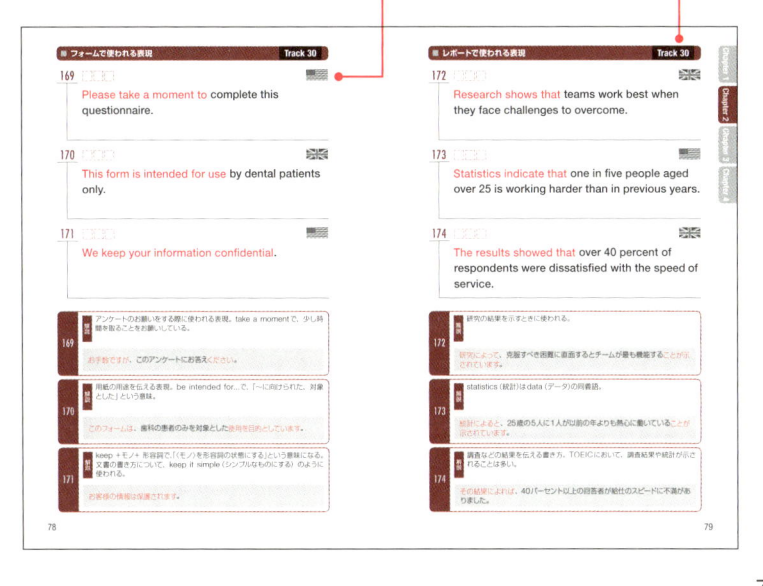

■ 付属赤シート

本書には、学習用に赤シートが付属しています。赤シートをページに重ねると、英文の色つきの部分(キーワード)および日本語訳のキーワード該当箇所が見えなくなるようになっています。

- **●英文中のキーワード**
  英文中の色文字の部分は、該当のセンテンスでキーワードとなる表現です。

- **●日本語訳のキーワード該当箇所**
  日本語訳の色文字は、英文のキーワードに対応する箇所を示しています。

- **●赤シート**
  付属の赤シートを使えば、色文字の部分が隠れるようになっています。

■ おすすめの学習法

　ここでは、本書を使って効率よく学習できる方法を紹介します。学習スケジュールやレベルに応じた使い方をするとよいでしょう。

①意味チェック

　本書を読みながら、またはCDを聞きながら、1つ1つ意味を知っているかどうか確認します。読みながらチェックする場合は、赤シートで日本語を隠した状態で英語を読み、意味を確認するとよいでしょう。知らないものは、チェックボックスに✔を入れましょう。次回に学習を始めるときには、前回✔したものの復習から行うことで、記憶しやすくなります。

②超速読（音読＆黙読）

　意味が頭に入ってきたら、これまで読んだ英文を超速読してみましょう。これは意味を理解するための学習ではなく、処理スピードを速めるためのトレーニングです。最初は超速音読、次に超速黙読を行うことで、確実にスピードアップします。

　このトレーニングの後で、模試教材のPART 7の本文を読んでみてください。決まり文句の箇所だけ凄まじい速さで読めることに気づくでしょう。

③リピート・オーバーラッピング・シャドーイング

　付属CDの音声を聞きながら、慣れていない表現は本文を読みながらリピートしましょう。慣れている表現は本文を見ずにCDだけを流しながらリピートするとよいでしょう。また、聞くことに慣れてきたら、本文を見ながらCDの音声と同時に声を出してみましょう（オーバーラッピング）。さらに上達させるために、CDを流しっぱなしにしながら、本文を見ずにCDの音声を追いかけながら口に出してみましょう（シャドーイング）。シャドーイングは歩きながらでも、ラッシュの電車内（声は出さなくてOK）でもできるトレーニングです。

TOEIC®テストについて

■ TOEIC®テストとは?

TOEIC は、Test of English for International Communication の略称で、英語によるコミュニケーション能力を測定する国際的なテストです。米国ニュージャージー州にある世界最大のテスト開発機関 Educational Testing Service (ETS) が開発・制作し、日本における実施・運営は、(財) 国際ビジネスコミュニケーション協会が行っています。

■ 問題形式

問題は、リスニングセクション (約45分間、100問) と、リーディングセクション (75分間、100問) で構成され、2時間で200問に解答します。休憩時間はありません。

マークシート方式の選択式テストで、記述式の問題はありません。思考力を必要とするような難しい問題は出題されませんが、問題数が多いので制限時間内に終えるためには手際よく解き進める必要があります。

テスト開始前の説明は日本語ですが、テスト開始後は、問題の指示も含めすべて英語です。

TOEIC®テストの問題形式

パート	Name of Each Part	パート名	問題数
リスニング セクション (45分間)			
1	Photographs	写真描写問題	10
2	Question-Response	応答問題	30
3	Conversations	会話問題	30
4	Short Talks	説明文問題	30
リーディング セクション (75分間)			
5	Incomplete Sentences	短文穴埋め問題	40
6	Text Completion	長文穴埋め問題	12
7	Reading Comprehension ・Single Passage ・Double Passage	読解問題 ひとつの文書 ふたつの文書	28 20

■ TOEIC®テストの採点

　TOEICテストは、結果は合否ではなく、スコアで示されます。スコアは5点刻みで、リスニング5〜495点、リーディング5〜495点、計10〜990点です。公開テスト終了後30日以内に、受験者にOfficial Score Certificate（公式認定証）が発送されます。スコアは、正答数をそのまま点数にしたものではなく、equating（等化）という統計的な処理がなされており、問題の難易度の違いによる有利・不利がないように調整されます。

　また、TOEICテストは、世界約150カ国で実施されています。その国独自の文化的背景や言いまわしを知らなければ解答できないような問題は排除され、「世界共通の基準」として活用することができるようになっています。

　こうした特徴から社会的認知度が高く、TOEICスコアは企業・団体・学校で英語研修の効果測定や昇進・昇格の条件、単位認定や推薦入試の基準などさまざまな用途・目的で幅広く採用されています。

■ 申し込み方法

　TOEICテスト受験の申し込みは、インターネット、コンビニ店頭で行うことができます。

　くわしくは、下記のTOEICテスト公式ホームページにてご確認ください。

　http://www.toeic.or.jp/

CDトラック表

TRACK	内容	ページ
1	オープニング	
2	001-006	20-21
3	007-012	22-23
4	013-018	24-25
5	019-024	26-27
6	025-030	28-29
7	031-036	30-31
8	037-042	32-33
9	043-048	34-35
10	049-054	36-37
11	055-060	38-39
12	061-066	40-41
13	067-072	42-43
14	073-078	44-45
15	079-084	46-47
16	085-090	48-49
17	091-096	50-51
18	097-102	52-53
19	103-108	54-55
20	109-114	56-57
21	115-120	58-59
22	121-126	60-61
23	127-132	62-63
24	133-138	64-65
25	139-144	66-67
26	145-150	68-69
27	151-156	70-71
28	157-162	72-73
29	163-168	74-75
30	169-174	78-79
31	175-180	80-81
32	181-186	82-83
33	187-192	84-85
34	193-198	86-87
35	199-204	88-89
36	205-210	90-91
37	211-216	94-95
38	217-222	96-97
39	223-228	98-99
40	229-234	100-101
41	235-240	102-103
42	241-246	104-105
43	247-252	106-107
44	253-258	110-111
45	259-264	112-113
46	265-270	114-115
47	271-276	116-117
48	277-282	118-119
49	283-288	120-121
50	289-294	122-123
51	295-300	124-125
52	301-306	126-127
53	307-312	128-129
54	313-318	130-131
55	319-324	132-133
56	325-330	134-135
57	331-336	136-137
58	337-342	138-139
59	343-348	140-141
60	349-354	142-143
61	355-360	144-145
62	361-366	146-147
63	367-372	148-149
64	373-378	150-151
65	379-384	152-153
66	385-390	154-155
67	391-396	156-157
68	397-402	158-159
69	403-408	160-161
70	409-414	162-163
71	415-420	164-165
72	421-426	166-167
73	427-432	168-169
74	433-438	170-171
75	439-444	172-173
76	445-450	174-175

序章
PART 7の文書について

PART 7では、ビジネス現場でよく見られるメールやビジネスレター、広告、記事など、さまざまな種類の文書が登場します。この章では、どういった文書がよく出題されているのか、どんなフォーマットで文書が構成されているのかを分析し、PART 7攻略の糸口を探ります。

PART 7の文書について

■ 登場頻度の高い文書スタイル

TOEIC テストの PART 7では、限られた時間で書かれている内容をきちんと理解することが求められます。基本的には、ビジネス関連の文書が出題されますが、どのような文書が扱われているかを形式的に分類すると、下記の表のようになります。

この表は、20回以上の TOEIC テストについて、PART 7に出てきた文書をスタイル別に分類し、1回のテストに登場した回数の平均を算出したものです。

特筆すべきは、e-mail (メール) と letter (レター) の登場頻度の多さです。TOEIC テストでは、通常シングルパッセージで9つ、ダブルパッセージで8つの文書が登場しますので、メールとレターだけで全体の約40パーセントを占めることになります。

Rank	Type	Frq
1	e-mail	3.8
2	letter	2.6
3	article	2.2
4	advertisement	1.8
5	notice	1.1
6	memo	1.0
7	information	0.9

つまり、PART 7で着実にスコアを取るためには、メールやレターの文書をしっかりと読める必要があります。

メールやレターは、決まったフォーマットに沿って書かれることが多いので、それを覚えてしまえば、書かれている文章の展開を予測しやすくなります。例えば、メールであれば次のページにあるようなフォーマットが一般的です。

■ 代表的なメールのフォーマット

　下記は、よく見られるメール(e-mail)のフォーマットです。差出人(from)、宛先(to)で、メールのやり取りをしている人間関係を把握するとともに、件名(subject)に注目して内容の概略を理解しておきましょう。

■ Orange Skies Promotions Team から Dave Deacon に宛てたメール

From: promotions@orangeskies.com 〔差出人のメールアドレス〕
To: Dave Deacon ddeacon@jmail.com 〔受取人のメールアドレス〕
Subject: Discount coupon 〔件名〕
Date: October 1 〔日付〕

Dear Mr. Deacon, 〔礼辞〕

Thank you for your recent purchase of a Linnea Ahlström lampshade from our online store. 〔導入部〕

As you may know, this month is the tenth anniversary of our company, and to celebrate, we are offering our valued customers a coupon for a 20% discount off any purchase.

Simply click the following link to activate your discount coupon, and you will get a discount from the next purchase you make from your account: www.orangeskies.com/coupon/qqq0927hfmmmujtv 〔本文〕

Orange Skies Imports & Merchandise is grateful to all our customers who have helped us grow over the years. We hope to make the next ten years just as successful. 〔結論部〕

Orange Skies Promotions Team 〔差出人〕

■ 代表的なレターのフォーマット

続いて、レターのフォーマットです。メールと似ていますが、宛名や住所などの部分が少しややこしいので、しっかりと理解しましょう。

■ Jon Hare から Alan Carter に宛てたレター

September 3　**日付**

Alan Carter　**受取人のフルネーム**
Active Vision Software
808 State Avenue　**受取人の住所**
Baltimore, MD

Dear Mr. Carter:　**礼辞**

I saw your advertisement for a social media and Web marketing manager in the August 31st edition of the Baltimore Mirror and believe I would be an excellent candidate for the job. For the past five years I have worked in the marketing department of a sporting goods firm in Bethesda, during which time I created and ran the company's social media strategy leading to a 15% increase in sales. My duties also included managing the company's Web site, with traffic increasing tenfold under my management.　**本文**

I enclose a copy of my résumé along with links to Web sites and online campaign material that I have developed. As you will see, I have an active interest and hands-on experience of Web and social media, and I believe I would be a strong addition to your team.　**結論部**

Sincerely,　**結辞**

Jon Hare　**差出人のフルネーム**

本書では、第1章でメールやレターについて、導入部・本文・結論部でそれぞれよく使われる表現を取り上げています。これらの表現に慣れることで、瞬間的に内容が理解できるようになるので、読むスピードの向上につながります。また、実際に英文でメールやレターを書くことになった場合にも、参考になることでしょう。

■ メールとレター以外の文書スタイル

　メールとレター以外の文書で重要度が高いのは、1回のテストで約2回の登場頻度となっている article（記事）や advertisement（広告）といえるでしょう（p.14の表参照）。

　記事の場合、比較的自由な構成になっていますので、フォーマットに基づく表現というものがほとんどなく、瞬間的な内容の理解が難しくなる傾向にあります。一方、広告の場合も、比較的自由なフォーマットではありますが、いくつか共通して登場する表現がありますので、そういった表現をあらかじめ知っておくと、実際のテストでも大いに役に立ちます。例えば、以下のような表現です。

・Qualified candidates will be contacted for an interview.
（選考を通過した候補者は面接の連絡を受けることになります）

・As a token of our appreciation, we will send you a coupon for 15 percent off a future purchase.
（感謝のしるしとして、今後のご購入が15パーセントの割引となるクーポン券をお送りいたします）

・The deadline for applications is August 25.
（出願の期限は8月25日です）

　第2章では、メールやレター以外の対策として、このような文書のスタイル別の頻出表現を取り上げています。

■ 接続表現から文脈をつかむ

　文書のスタイルを問わず、注意したい表現として、接続表現があります。接続表現は、文章を読む上での重要な標識の役割を果たすものです。接続表現があることで、続く内容を予測することができるようになるので、スムーズなリーディングのためにも接続表現をしっかりと理解しておきましょう。

　第3章では、PART 7で頻出する接続表現を取り上げています。さらに、接続表現はPART 6の長文穴埋め問題の対策にも役立てることができます。空欄に接続表現を入れるタイプの問題が苦手という人は、前後の文脈の関係を読み取れていない可能性がありますので、接続表現を理解するとともに、文と文との関係を意識して読むように心がけましょう。

■ 頻出フレーズとコロケーション

　また、PART 7の文書には、さまざまな頻出フレーズが使われます。例えば、in advance（事前に）や、be engaged in（～に関わっている）のようなフレーズです。

　あるいは、meet your needs（ニーズを満たす）、place your order（注文する）といったコロケーションもよく登場します。第4章では、このようなフレーズやコロケーションについて、頻繁に出てくるものをピックアップしました。ぜひ覚えて、実際の試験にお役立てください。

> ●コロケーションとは
> よく使われる単語と単語の組み合わせをコロケーションと呼び、頻出のコロケーションを知っておくと意味を瞬時に理解できるようになるばかりか、PART 5の出題項目の1つとなっているので、その対策としても役に立ちます。

第1章
メール・レターの定型表現

序章でも示しているように、PART 7における文書のうち、メールとレターの比率は非常に高く、メールとレターの英文を読めることがPART 7の攻略のおいて非常に重要になります。そのためには、メールとレターの構成をきちんと理解し、よく使われる表現を覚えているかが重要になります。

■ 導入部で感謝を伝える表現①　　　Track 02

001 ☐☐☐ 🇺🇸

Thank you for your prompt reply.

002 ☐☐☐ 🇬🇧

Thank you for choosing Hank Travels.

003 ☐☐☐ 🇺🇸

It was a pleasure to meet with Dr. Joseph Arkinton.

---

001 解説
Thank you for...は、お礼を伝えるときの定番表現。forの後ろには、名詞または動名詞が続く。メールを送ってくれた相手に返事をする場合、とりあえずThank you for your e-mail.と書いておくのが最も無難で便利。

迅速なご回答をありがとうございます。

002 解説
Thank you for choosingは、旅行会社などがサービスを選んでもらったことに対してお礼を伝える際によく使われる表現。

Hank Travelsをお選びいただき、ありがとうございます。

003 解説
It was a pleasure to...は、I was glad to...よりもかしこまった表現。相手が博士のため、堅い表現が用いられている。

Joseph Arkinton博士にお目にかかれて、うれしく存じます。

■ 導入部で感謝を伝える表現②　　　　　　　　　Track 02

004

Thank you for your interest in Global Ring Ltd.

005

Thank you for your inquiry regarding our services.

006

Thank you for your e-mail regarding the property in Springfield.

---

004 解説
Thank you for your interest...は、問い合わせに対して、よく使われる返答の表現。interest in...で、「〜への興味」となる。

Global Ring 社に関心をお寄せいただき、ありがとうございます。

005 解説
questionをビジネスレベルに高めた単語がinquiry（問い合わせ）。inquiry regarding...「〜に関する問い合わせ」としてセットで覚えておこう。

当社のサービスについてお問い合わせいただき、ありがとうございます。

006 解説
Thank you for your e-mail regarding...は、メールでの問い合わせに対する返答の表現。regarding（〜に関して）は、about（〜について）よりも堅い印象を与える表現。regarding...の代わりにabout...を使ってもOK。

Springfieldの物件に関してメールをいただきまして、ありがとうございます。

■ 導入部で謝罪を伝える表現　　Track 03

007

I'm sorry for the inconvenience.

008

I apologize for the shipping delay.

009

I'm sorry (that) I didn't respond to your e-mail earlier.

---

007 解説
謝るときの基本フレーズ。forの後は、名詞または動名詞が続く。

ご不便をおかけして申し訳ありません。

008 解説
I'm sorry for... よりもかしこまった表現。

配送の遅れをおわびいたします。

009 解説
I'm sorry...の後ろに主語＋動詞を置くこともできる。thatは省略可能。

メールのご返事が遅くなりまして、申し訳ありません。

■ 全体の目的を伝える表現①　　　　　　　　　Track 03

010 ☐☐☐ 🇬🇧

I am writing to apply for the position of engineer.

011 ☐☐☐ 🇺🇸

I am writing on behalf of the National Award Committee.

012 ☐☐☐ 🇬🇧

I am writing in response to your job advertisement.

010
解説 メールや手紙の1文目で書かれることが多く、目的を伝える際に使われる。to以降に目的となる内容が入る。

エンジニアの職に応募したく、ご連絡を差し上げています。

011
解説 on behalf of...は、組織などを代表して伝える際に使われる。社長や広報担当者（spokesperson）などの文書にも使われる。

National Award Committeeを代表してご連絡を差し上げています。

012
解説 in response to...は、受け取ったメールや手紙の返事として、または広告に対してアクションを取る際に使われる。

御社の求人広告に対して、ご連絡を差し上げています。

■ 全体の目的を伝える表現②　　Track 04

013

I am writing with regard to the product I ordered yesterday.

014

I am writing in reference to the job offer.

015

I am writing in regard to the problem you mentioned in your e-mail.

---

013 解説

with regard to...は、about...と同じように用いられる。with regard to...に続く内容が文書のトピックである。

昨日注文をした製品に関してこの手紙（メール）を書いています。

014 解説

求人広告への応募のメールでよく使われる表現。in reference to...で「〜の返事として」という意味。

その求人の件でご連絡を差し上げています。

015 解説

in regard to...も、about...と同じ意味。with regard to...とともに覚えておきたい。

あなたがメールで言及した問題に関してメールを差し上げています。

■ 全体の目的を伝える表現③　　　　　　　　　　　　　　　　Track 04

016 ☐☐☐ 🇬🇧

I wanted to write to you to express my apology.

017 ☐☐☐ 🇺🇸

I just wanted to let you know that the next meeting has been rescheduled.

018 ☐☐☐ 🇬🇧

I'd like to thank you for giving me a tour of the facility.

---

016 解説
謝罪したかったのが過去のため、I wanted to...と過去形を使用している。

あなたにおわびを申し上げたかったのです。

017 解説
let you knowで「あなたに知らせる」という意味。I (just) wanted to let you know that...のまま覚えてしまいたい。この文は、wantにしても意味は通じるが、wantedと過去形にしたほうがソフトな印象を与える。

次の会議のスケジュールが変更されたことをあなたにお知らせしたかったのです。

018 解説
I'd like to... (〜したい)の後にthank you forが続くパターン。

施設をご案内いただいたことに感謝いたします。

全体の目的を伝える表現④　　Track 05

019

We are pleased that you have renewed your subscription.

020

I am very pleased to confirm your contract with Hands Institute.

021

We are happy to inform you that your proposal has been accepted.

---

019 解説 喜ばしいことを伝えるときの表現。thatの後ろは主語＋動詞が続く。

お客様に定期購読を更新いただいたことをうれしく思います。

020 解説 019と同様に喜ばしいことを伝える表現。to＋動詞と続いている。注文や契約の確認をするときによく使われる。

Hands Instituteと御社との間で契約を確認できてうれしく思います。

021 解説 うれしいニュースを知らせるときに使う表現。inform you thatに続いて、何がどうする・どうしたという主語＋動詞が続く。

あなたのご提案が了承されましたことをお知らせできてうれしく思います。

■ 全体の目的を伝える表現⑤　　　　　　　　　　　　　　　　Track 05

022

We wanted to alert you to the change in schedule.

023

I regret to inform you that this weekend's concert has been cancelled.

024

I am sorry to have to tell you that we will not renew your contract.

022
解説：注意をうながしたい場合に使う表現。alertは、「注意を喚起する」という意味。wantedと過去形が使われているが、過去の話ではなく現在のことを丁寧に伝える働きをしている。

私どもは、スケジュールに変更があったことをあなたにお知らせしたかったのです。

023
解説：I regret to inform you...は、読み手にとってマイナスの情報を伝えるために使われる。

残念ながら、今週のコンサートは中止になったことをお伝えいたします。

024
解説：この場合のI am sorryは謝っているのではなく、023と同様に読み手にとってマイナスの情報を伝える際に使われる表現。I am sorry to...で、「残念ながら〜」という意味。

残念ながら、御社との契約は更新しないとお伝えしなければなりません。

■ 全体の目的を伝える表現⑥　　　　　　　　　　　　　　　　Track 06

025

This is to confirm that your payment has been received.

026

This is to inform you that the annual conference will be held on October 19.

027

This is to remind you that Main Street will be closed to traffic tomorrow.

---

025 解説
この場合のthisは、手紙やメールを指す。This is to...に続いて目的が伝えられる。confirmは注文や支払いの確認によく使われる。

お客様のお支払いを受領したことを確認させていただきます。

026 解説
025と同様にメールや手紙の冒頭で使われる。「知らせる」は、inform youのほか、notify youを使う場合もある。

皆様に年次大会が10月19日に開催されることを、お知らせいたします。

027 解説
remindは、一度伝えたことを念のため再度伝える際に用いられる。

明日、Main Streetが通行止めになることをあらためてお知らせいたします。

■ 全体の目的を伝える表現⑦　　　　　　　　　　Track 06

028

This e-mail is to confirm your reservation.

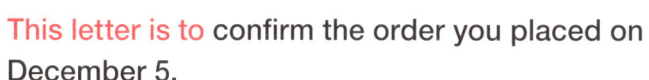

029

This letter is to confirm the order you placed on December 5.

030

This message is to outline the finalized plan.

028
解説
This is to...とほぼ同じ。手紙の場合は、This letter is to...となる。

このメールは、お客様のご予約を確認するためのものです。

029
解説
手紙の書き出しに使われる。

お客様から12月5日にいただいたご注文について、本状にて確認いたします。

030
解説
手紙でもメールでも使える表現。

最終的な計画の概要をお伝えいたします。

■ 全体の目的を伝える表現⑧　　　　　　　　　　　　　Track 07

031
This is in response to your e-mail of yesterday.

032
This is in reply to your e-mail concerning a defective item.

033
This is a quick update for users of our software.

---

031 解説
メールや手紙への返事であることを伝える際に使われる。

このメールは、昨日のあなたのメールへの返信になります。

032 解説
in response to...と同様に、返事で使われる表現。もらったメールの内容を示す場合は、concerningの後ろに書く。concerning...はabout...やregarding...の同義語。

欠陥のあった商品についてのお客様のメールに返答いたします。

033 解説
quick updateは、latest information（最新情報）のこと。マニュアルを更新した際などに使われる。

当社のソフトウェアユーザーのための最新情報を取り急ぎお知らせいたします。

■ 全体の目的を伝える表現⑨　　　　　　　　　　　　　　Track 07

034

I have received the letter dated December 21.

035

The reason I am writing is that we are seeking an amateur writer.

036

The reason I'm contacting you is that I would like to know your availability next month.

---

034 解説
この文で書き始められている場合、受け取った手紙の件で伝えたいことがあることを示している。手紙の日付をdated...（～日付の）と続けている。

12月21日付けの手紙を受け取りました。

035 解説
The reason＋主語＋動詞で、「〈主語〉が〈動詞〉した理由」となる。toの後ろは動詞、thatの後ろは主語＋動詞が続く。

この手紙［メール］を書いているのは、私たちがアマチュアの作家を探しているからです。

036 解説
035のバリエーションとして覚えておきたい。

私がご連絡を差し上げている理由は、来月のあなたの予定を知りたいと思ったからです。

全体の目的を伝える表現⑩ Track 08

037

Our records indicate that you have not made the final payment.

038

Our records show that you have not updated your contact information.

039

In my previous e-mail, I forgot to mention some details.

---

037 解説 記録に関することを伝える場合に用いられる。indicateは「〜を示している」という意味。

当社の記録によりますと、お客様はまだ最終のお支払いを終えていません。

038 解説 037と同様に、記録に関する情報を伝えている。showとindicateは置き換えることができる。

当社の記録によれば、お客様は連絡先の情報をまだ更新されていません。

039 解説 前に出したメールに言及する際に使われる。手紙の場合は、In my previous letterとなる。

先ほどのメールでは、いくつかの詳細をお伝えするのを忘れていました。

■ 用件を伝える表現①　　　　　　　　　　　　Track 08

040 ☐☐☐

The following is a list of our newly launched products.

041 ☐☐☐

Below is the tentative agenda for the next meeting.

042 ☐☐☐

Below you will find a list of potential suppliers.

解説 040
この文に続いて、伝えたい情報を掲載する際に用いられる表現。この場合のfollowingは、「次の」を意味する。

以下は、当社が新たに発売する製品のリストです。

解説 041
040と同様に、伝えたい情報が次に続く場合に使われる。メールや手紙の中で、リストや箇条書きで伝える項目がある場合、Below is...と前置きをされていることが多い。

以下は、次回の会議のための議事日程案です。

解説 042
Below is...と同じく、伝えたい情報が下にあることを示す表現。

以下に納入業者の候補リストがあります。

■ 用件を伝える表現②　　　　　　　　　　　　　　　　Track 09

043 ☐☐☐

As for the date of the company picnic, you will be notified once it is finalized.

044 ☐☐☐

With regard to this problem, our research team is now investigating the cause.

045 ☐☐☐

Along with your tickets, I have enclosed your itinerary and a travel leaflet.

---

043 解説
手紙やメールの中で、これまで述べてきた内容に関連したポイントについて言及する際に使われる。

社内レクリエーションの日程については、最終的に決まり次第お知らせいたします。

044 解説
013 (p.24) に出てきたI am writing with regard to...で使ったものと同じ意味であるが、with regard toはこのように冒頭に置くこともできる。

この問題に関しては、当社の調査チームが現在、その原因を調べています。

045 解説
手紙やメールで、メインのもの（ここではチケット）と一緒に送っているものを知らせるときに使われる。

あなたのチケットといっしょに、旅程表と旅行案内書を同封いたしました。

■ 用件を伝える表現③　　　　　　　　　　　　　　Track 09

046

On behalf of the Schiller Institute of Technology, I am happy to welcome you to our organization.

047

Due to a prior engagement, I will not be able to join the meeting.

048

Based on these survey results, we should change our strategy.

046
解説：会社や団体を代表する際や、誰かの代わりを務める際の前置きに使われる。

Schiller Institute of Technologyを代表し、あなたを当組織にお迎えしたいと存じます。

047
解説：理由を伝える表現。Because of... とも言うことができる。meetingの後ろに、due to...を移動させることも可能。

先約のために、私はその会議には出られないでしょう。

048
解説：結果や判断など「〜に基づいて」という場合に使われる。due to...と同じく、based on these survey resultsを後ろに置くこともできる。

この調査結果を踏まえて、私たちは戦略を変えるべきです。

■ 用件を伝える表現④　　　　　　　　　　　　　　　　　　　　Track 10

049

As you requested, I have attached a map of the National Park.

050

Per your request, your personal information has been updated.

051

As we discussed in yesterday's meeting, please revise the proposal and send it to me by the end of the week.

049　解説　要望を受けての行動であることを伝える表現。

ご要望どおり、国立公園の地図を添付いたしました。

050　解説　Per your requestはAs you requestedと同じ意味。perは前置詞のため、後ろにはyour requestという名詞が続いている。

ご希望どおり、お客様の個人情報は更新されました。

051　解説　As we discussed はAs you requestedと同じ構造で、「話し合ったとおりに」と、過去の内容に言及して読み手に内容を思い出させている。

昨日の打ち合わせで話し合ったとおり、その提案を修正の上、週末までに私宛てにお送りください。

■ 用件を伝える表現⑤　　　　　　　　　　　　　　　**Track 10**

052

Given these circumstances, we are planning to hire additional workers.

053

Given this situation, we have decided to postpone the event until next month.

054

As a result, sales have more than doubled over the past month.

---

052 解説 前置詞のようにGiven...を用いると、「〜を考慮して」という意味になる。

こうした状況を考慮して、当社ではさらに社員を雇用することを計画しています。

053 解説 052のGiven these circumstancesと似たような意味。

この状況を考えて、私たちはそのイベントを来月まで延期することを決定しました。

054 解説 前の内容を受けて、結果としてどうなったかを伝える際に用いられる。As a result of the change（変更の結果として）という表現もある。

その結果として、売り上げは過去1カ月間で2倍以上になりました。

■ 用件を伝える表現⑥　　　　　　　　　　　　　　　　Track 11

055

To apply for the position, please send your résumé and three professional references.

056

To enroll in the sales workshop, please contact George Braggs.

057

To register, you are required to bring photo identification.

055
解説：求人広告において、応募方法を伝えるときに使われる表現。

この職に応募される場合は、あなたの履歴書と仕事関係者からの推薦状3通をお送りください。

056
解説：To...、は「～するためには」という内容を伝える際に用いられる。

販売ワークショップに登録するには、George Braggsに連絡をしてください。

057
解説：登録や申込を意味する表現は頻出。register for...、apply for...、enroll in...、sign up for...などがある。

登録には、写真付きの身分証明書を持参していただく必要があります。

■ 用件を伝える表現⑦　　　　　　　　　　　　　Track 11

058

To reserve your tickets, fill out the form below.

059

To renew your membership, please fill out the online form.

060

To take advantage of this special offer, please enter the discount code.

---

058 解説
予約方法を伝える際に使われる表現。

チケットを予約するには、下にあるフォームに記入してください。

059 解説
定期購読やフィットネスセンターの会員資格などが、契約更新のトピックで頻出する。

お客様の会員登録を更新するには、オンラインのフォームに必要事項をご記入ください。

060 解説
take advantage of... は、use... の同義語。offer や service などに対して使われる。

この特別割引を利用するには、割引コードを入力してください。

■ 用件を伝える表現⑧　　　　　　　　　　　　　　　　　　Track 12

061

To follow up on our discussion from yesterday, I am sending you updated information.

062

To commemorate the occasion, we will hold a ceremony on May 29.

063

In order to accommodate more foreign tourists, we have designed a bilingual brochure.

061
解説　会議の後などに補足を伝える際に使われる。To...で始めることで、目的を強調している。

昨日の私たちの話し合いについて補足するために、最新の情報をお送りいたします。

062
解説　commemorateは、会社の創立記念日などの祝いごとのほか、追悼などについても使われる。

この出来事を記念して、5月29日に式典を開催する予定です。

063
解説　In order to...は、To...と同じ意味であり、目的を伝える表現。To...に比べて堅い印象を与える。

より多くの外国人観光客に対応するために、私たちは2カ国語併記のパンフレットを作りました。

■ 用件を伝える表現⑨　　　　　　　　　　　　　　　Track 12

064

In case of defects, please return the item with a detailed description.

065

In the event that the machine requires repair, please refer to the product number.

066

Just in case you don't know how to go to the convention center, I have attached a map.

064
解説　「〜の場合」を表す表現。実際に、In case of emergency（緊急事態の場合）は電車内などでも見られる。

欠陥がある場合は、詳しい説明を付けて返品してください。

065
解説　thatの後ろには主語＋動詞が続く。なお、In case that...で置き換えることもできる。

機械の修理が必要となった場合には、製品番号をお知らせください。

066
解説　念のために伝える内容がある場合に用いられる表現。口語でJust in caseといえば、「念のため」という意味である。

コンベンションセンターへの行き方がわからない場合に備えて、地図を添付しています。

■ 用件を伝える表現⑩　　　　　　　　　　　　　　　　Track 13

067

If you decide to cancel your reservation, please notify us at least one week before the date.

068

If I do not hear from you by noon, I will cancel your appointment.

069

If you have any difficulty finding our office, please refer to this map.

---

067 解説
If（もし〜したら）という、ある場合についての行動を伝える。Ifの後ろは、未来のことであっても現在形を使う。

お客様が予約をキャンセルすることにされた場合は、少なくとも当日の1週間前にお知らせください。

068 解説
If...notで、「もし〜しなければ」という意味。連絡を受けることをhear from youで表すことができる。

正午までにあなたからご連絡をいただけない場合は、あなたとのお約束をキャンセルさせていただきます。

069 解説
difficultyの後ろにはinが省略されているため、動詞は動名詞にする必要がある。ほかに、have any trouble -ingやhave any problem -ingのような表現もある。

当社のオフィスを見つけるのが難しいようでしたら、この地図を参照してください。

用件を伝える表現⑪　　Track 13

070

A correction has been made to your itinerary.

071

We had a problem with our tracking system.

072

I regret that I will be unable to provide you with the survey results as scheduled.

---

070 解説　訂正が完了したことを伝える表現。I have made a correction to... のように能動態にすることも可能。

お客様の旅程表に修正がございました。

071 解説　have a problem with ＋モノで、「〈モノ〉に関する問題点」を伝えることができる。

当社の追跡システムに問題が起こりました。

072 解説　023（p.27）のI regret to... と同様に、読み手にとってマイナスの情報を伝えるために使われる。be unable to... は cannot... と同じ意味。

残念ですが、調査結果を予定どおりにお渡しすることはできません。

■ 用件を伝える表現⑫　　　　　　　　　　　　　　**Track 14**

073 □□□

Your confirmation number is OS22091.

074 □□□

Your application for the managerial position has been received.

075 □□□

You are registered for the Annual Medical Conference.

---

073 解説　注文や予約などが完了した後に送られてくるメールなどに書かれている。

お客様の予約番号は、OS22091です。

074 解説　求人広告への応募を受け付けたことを伝えるメールの文面である。

管理職へのあなたの応募書類を受け取りました。

075 解説　登録完了を伝える内容。registerの名詞registrationを使い、registration numberと言えば、登録番号のこと。

あなたは年次医学会議に参加登録されています。

用件を伝える表現⑬　Track 14

076
You are invited to attend a celebration of our 25th anniversary.

077
We (cordially) invite you to join us for this distinguished lecture series.

078
Welcome to the marketing team!

---

076 解説 イベントに招待する際に使われる表現。

あなたを当社の25周年祝賀会へご招待申し上げます。

077 解説 076を能動態にした書き方。cordiallyをつけると、フォーマルな文面になる。

私どもは、あなたがこの著名な一連の講演会にご参加くださることを（心より）お待ち申し上げております。

078 解説 言うまでもなく、歓迎する際に最もよく使われる表現。冒頭で使われることも多い。

マーケティングチームにようこそ！

■ 用件を伝える表現⑭　　　　　　　　　　　　　　　　　Track 15

079

I am honored to accept this prestigious award.

080

I was impressed by your outstanding presentation skills.

081

Congratulations on successfully completing the project.

---

079 解説　受賞など輝かしいことについて喜びを伝える際に使われる表現。I am pleased to...やI am happy to...と同様の表現である。

この権威ある賞をいただきましたことを光栄に思います。

080 解説　プラスの印象を持ったときに使う。impressで「印象付ける」という意味のため、be impressed by/with...と受動態で使われることが多い。

あなたの優れたプレゼンテーション技術に感銘を受けました。

081 解説　「おめでとうございます」の典型的な表現。必ずsが付くことに注意したい。onの後には名詞や動名詞が入る。この例文は動名詞completingを修飾する副詞successfullyが間に入っている。

そのプロジェクトを首尾よく完了されまして、おめでとうございます。

■ 用件を伝える表現⑮　　　　　　　　　　　　　　　Track 15

082

We are please to offer you a 20 percent discount for early registration.

083

We are currently offering a free trial for new users.

084

Would you like to receive free samples?

082
解説　We are pleased to... は、We are happy to... と同じく、ポジティブなことを伝える際に使われる。

お客様に20パーセントの早期登録割引をご提供させていただくことをうれしく思います。

083
解説　提供しているものを伝えている。広告や販促のメール／手紙に多い。

現在、新規ユーザー向けに無料のトライアルを提供しています。

084
解説　読み手に何かを申し出る際に使われる表現。Do you want to... を丁寧にした形。

お客様は無料のサンプルをお受け取りになりませんか。

■ 用件を伝える表現⑯　　　　　　　　　　　　　　　　　Track 16

085

As you may know, Mr. Okayama is retiring at the end of June.

086

As you can see from the attached résumé, I have experience in working overseas.

087

As you will see in the enclosed résumé, I have worked as a pharmacist for the past five years.

---

085 解説　読み手が知っているかもしれない内容であることを伝える前置き。すでに知っていることが確かな場合は、As you know（ご存じのように）となる。

ご存じかもしれませんが、Okayama氏は6月末に退職されます。

086 解説　資料などについて、「〜からわかるように」という前置きに使われる。プレゼンなどでも使える便利な表現である。

添付された履歴書からもおわかりのように、私は海外で働いた経験があります。

087 解説　086のAs you can see...と同じ意味。

同封した履歴書でおわかりのように、私は過去5年間、薬剤師として働いてきました。

■ 用件を伝える表現⑰　　　　　　　　　　　　　　　　　　Track 16

088 ☐☐☐

I am certain that the new advertisement will reach more customers.

089 ☐☐☐

We are confident that our product will meet your needs.

090 ☐☐☐

We feel confident that we will achieve our goals.

088
解説：that以降の内容に確信があることを伝える表現。

新しい広告はもっと多くのお客様にアピールできると確信しています。

089
解説：088のI am certain that...と同じ意味で使われる。

当社の製品はお客様のニーズを満足させるものだと確信しています。

090
解説：feelの後ろには、感情や気持ちを表す形容詞が続くことが多い。We feel excited（ワクワクしている）やWe feel disappointed（がっかりしている）のように用いる。

私たちは目標を達成できることに自信があります。

■ 用件を伝える表現⑱　　　　　　　　　　　　　Track 17

091

We wish to assure you that we can provide the best possible solutions to your problems.

092

It must be stressed that this offer is not available on the weekend.

093

I wanted to emphasize the fact that this product is the lightest in this price range.

---

091 解説
assureは「約束する、保証する」という意味で、assure youのように目的語に「人」を取る。guarantee you (that) 主語＋動詞でも同じことを表せる。

お客様の問題に対して、当社は可能なかぎり最良の解決策をご提供することをお約束したいと思います。

092 解説
主語のItは、that以降の内容を指している。We must stress that...と書き換えることもできる。

この特別価格は、週末には適用されないことを強調しておかなければなりません。

093 解説
emphasizeはstressの同義語。the fact（事実）の内容がthat以降に続いている。

この製品がこの価格帯において最も軽量であるという事実を強調したかったのです。

■ 用件を伝える表現⑲　　　　　　　　　　　　　　Track 17

094

It is expected that Main Street will be crowded with pedestrians this weekend.

095

It is estimated that nearly 90 percent of customers came to hear of us through the advertisement.

096

It is anticipated that competition will become more and more severe.

094
解説　092と同様に主語のItはthat以降を指し、予想されている内容が続いている。

今週末、Main Streetは歩行者で混雑すると予想されています。

095
解説　estimateは「推定する、見積もる」という意味。

約90パーセントの顧客が、広告を通じて当社のことを知るようになったと推定されます。

096
解説　anticipateはexpectの同義語。094〜096は動詞が「予想する」「見積もる」なので、that以降の内容は、まだ起こっていない未来のことである。

競争はますます激しくなると予想されます。

■ 用件を伝える表現⑳　　　　　　　　　　　　　　　　　Track 18

097
I am looking for an opportunity for employment.

098
I am interested in signing up for the workshop.

099
I am enthusiastic about the new challenges involved in this position.

097
解説 求人広告に対するメールなどで使われる表現。look for...の代わりに、seek（探す、求める）が使われることも多い。

私は就職の機会を求めています。

098
解説 興味があることを示す際に使われる表現。I am interested in the workshop.のように、inの後ろに名詞を続けることもできる。

私はそのワークショップへの参加に興味があります。

099
解説 興味だけでなく、熱意があることを伝える表現。発音が難しいので、付属CDの音声を真似して言えるようにしておこう。

この職務に伴う新たな課題に対して私は情熱を持っています。

■ 用件を伝える表現㉑　　　　　　　　　　　　　　Track 18

100

I am asking for a full refund for the products that I did not order.

101

I am responding to your inquiry about renting space for a company event.

102

Concerning your question about our painting courses, you can borrow painting tools at no cost.

100
解説：何かを要求する際に使われる。全額返金を求める手紙やメールはときどき出題される。

私は注文していない製品に対して、全額の返金を求めています。

101
解説：respond to...（〜に返事をする）とinquiry（問い合わせ）は頻出語句。answer your questionのことである。

社内行事用の貸しスペースに関する、お客様からのお問い合わせに対してご返事を差し上げています。

102
解説：concerningは前置詞で、aboutの同義語。regardingが使われることも多い。

当校の絵画コースに関するお問い合わせについてですが、画材は無料で借りることができます。

■ 依頼で使われる表現①　　　　　　　　　　　　　　　　Track 19

103

Find out what our products are like!

104

Sign up for one of the best lectures you'll ever hear!

105

Subscribe to our magazine today by calling 555-1005.

---

103 解説 依頼の表現では、動詞で始まる命令文もよく使われる。103〜105は、広告や商品の紹介などでよく使われる表現。

当社の製品がどのようなものかぜひご覧ください。

104 解説 講演会や研修などのイベントでは、予約や申込を促す内容が頻出する。

あなたがこれまで聞いた中でも最高となるであろう、この講演会にお申し込みください。

105 解説 subscribe to...は、「(雑誌や新聞など)を購読する」という意味で使われる。名詞は subscription。

今すぐ555-1005に電話をかけて、当社の雑誌の定期購読をお申し込みください。

■ 依頼で使われる表現②　　　　　　　　　　　　　Track 19

106 ☐☐☐

Present your ticket at the entrance.

107 ☐☐☐

Fill out and return this form today.

108 ☐☐☐

Visit our Web site for information on our complete line of digital cameras.

---

106 解説　presentはshowの同義語。コンサートなどで、半券を見せるようなイメージで覚えておこう。

入口でチケットをご提示ください。

107 解説　申込用紙や登録用紙などが出てきた場合、「記入の上お戻しください」という展開になることが多い。

今日中にこの用紙に記入の上、返送してください。

108 解説　詳細情報や申込のためにウェブサイトに誘導することはよくある。TOEICでは、Web siteとつづられるが、通常はwebsiteである。

当社のデジタルカメラの全製品の情報については、弊社のウェブサイトをご覧ください。

■ 依頼で使われる表現③　　　　　　　　　　　　　　　　　Track 20

109 ☐☐☐

Please give me your e-mail address.

110 ☐☐☐

Please review the attached proposal.

111 ☐☐☐

Please find the directions to the museum in the brochure.

---

109 give meに続けて必要としているものが書かれる。

あなたのメールアドレスをお教えください。

110 review（確認する、検討する）は頻出する。ほかに、review the document（資料を確認する）やreview the plan（計画を確認する）のように使われる。

添付いたしました提案書をご検討ください。

111 資料に書かれている情報を伝える際に、このようにfindを用いることがある。

博物館への道順は、パンフレットの中にございます。

■ 依頼で使われる表現④　　　　　　　　　　　　　　　Track 20

112

Please sign and date the contract by February 10.

113

Please confirm that the listed items are in stock and ready to be shipped.

114

Please keep me updated on any progress in the project.

---

112 解説
sign the contractとdate the contractを同時に伝える書き方。1つの目的語に対して、連続する動作が2つ続いている。動詞dateで「日付を入れる」という意味。

2月10日までに契約書に署名をし、日付を記入してください。

113 解説
読み手にconfirm（確認する）を求める状況は頻出する。

リストに記載された品物の在庫があり、出荷できる状態であることをご確認ください。

114 解説
最新情報が入ったときに連絡が欲しいという伝え方。keep me informed（継続的に知らせてください）のようにも使われる。

そのプロジェクトのあらゆる進捗状況について私に報告してください。

■ 依頼で使われる表現⑤　　　Track 21

115

We urge you to read the article in its entirety.

116

We strongly encourage you to attend the upcoming marketing seminar.

117

It is strongly recommended that you take the advanced course after completing the intermediate one.

---

115 解説 相手にto以下のことを勧める際に使われる表現。116、117とともに覚えておきたい。

この記事を最初から最後まで読んでおくように強くお勧めします。

116 解説 受動態で、You are encouraged to... と書かれることもある。

次回のマーケティング・セミナーに出席されることを強くお勧めします。

117 解説 stronglyの代わりに、highlyが使われることもある。

中級コースを修了したあとで上級コースを受講されることを強くお勧めいたします。

■ 依頼で使われる表現⑥　　　　　　　　　　　　　　　Track 21

118 ☐☐☐

I would like to make an appointment with Dr. Ramirez.

119 ☐☐☐

Could you please let me know when you will be available for an interview?

120 ☐☐☐

Would it be possible to have this article revised by tomorrow morning?

---

118 解説　希望する行動を伝えるときのスタンダードな表現方法。I want to...をフォーマルにした書き方である。I'd like to...と短縮系が使われることもよくある。

Ramirez先生の予約をとりたいと思います。

119 解説　情報を知らせてほしいときのオーソドックスな表現として覚えておきたい。

あなたが面接を受けるのにご都合のよい時を教えていただけますか。

120 解説　「〜できますか」という表現。Is it possible to...よりも丁寧な伝え方。

この記事を明日の朝までに修正していただくことは可能でしょうか。

■ 依頼で使われる表現⑦　　　　　　　　　　　　　　　　Track 22

121

I was wondering if you could provide us with the price estimate as soon as possible.

122

We would appreciate it if you would send us an evaluation of our service.

123

We would be grateful if you could provide us with more details.

---

121 解説　wonderは、「～を知りたいと思う」という意味。I was wondering if you could...で、「～していただけるかどうかを知りたいと思っていました」、つまり「～していただけないでしょうか」と非常に丁寧なお願いをする際の表現。

なるべく早く見積価格を出していただけないでしょうか。

122 解説　appreciateは「感謝する」という意味。wouldを使うことで丁寧さが出る。if you would...で「もし～していただけたら」、We would appreciateで「ありがたく思います」というニュアンス。このまま覚えてしまいたい。

お客様に当社のサービスに対する評価をお寄せいただければ、ありがたく思います。

123 解説　be gratefulもappreciateと同じく「感謝する」という意味である。

もう少し詳しい情報を提供していただければ幸いです。

■ 依頼で使われる表現⑧　　　　　　　　　　　　　　Track 22

124
Be sure to submit all of the materials in advance.

125
Please note that this special offer is valid until October 30.

126
Please make sure that we receive your final payment by the due date.

---

124 解説　Be sure to...で、必ず行うべきことを伝える。

必ずすべての資料を事前に提出するようにしてください。

125 解説　注意事項を伝えるときの前置きに使われる。

この特別価格でのご提供は、10月30日が期限であることにご留意ください。

126 解説　124のBe sure to...と同じように、相手が必ず行うべきことを伝える表現。

お客様には期日までに最終支払いをいただけますようぜひお願いいたします。

■ 依頼で使われる表現⑨　　　　　　　　　　　　　　Track 23

127

Please keep in mind that only one schedule change is acceptable only once.

128

Please bear in mind that seating is limited.

129

Remember that the deadline for the application is this Friday.

---

127 解説

keep in mindで「頭に入れておく」という意味。

スケジュールの変更は、1回だけ1つに限って認められることにご留意ください。

128 解説

keep in mindと同様の使い方ができる。

座席数は限られていることをご承知おきください。

129 解説

覚えておくべきことがthat以降で伝えられる。

申し込みの締め切りは今週の金曜日であることにご留意ください。

■ 添付情報を伝える表現①　　　　　　　　　　Track 23

130 □□□

Enclosed is a copy of our latest brochure.

131 □□□

A copy of my passport is enclosed.

132 □□□

Enclosed please find two vouchers for breakfast.

解説 130
同封してあるものが何かを伝えるときの表現。Enclosed is...という決まり文句を覚えておこう。A copy of our latest brochure is enclosed.を倒置したもの。

弊社の最新カタログを同封いたしました。

解説 131
130をよりノーマルにした書き方。Enclosed is...が文頭にくると、「同封しているものがある」ということが強調される。

パスポートのコピーを同封いたします。

解説 132
「同封しているのでご参照ください」ということを伝えるときの表現。please find...enclosedという形から、enclosedを強調するために文頭にきている。

朝食に利用できる2枚の無料サービス券を同封いたしていますのでご確認ください。

■ 添付情報を伝える表現②　　　　　　　　　　　　　　Track 24

133

Attached is a revised itinerary for your trip.

134

Attached you will find our latest brochure as you requested.

135

Attached to this e-mail please find a flyer with detailed information.

---

133 解説
e-mailの場合、Enclosed is....ではなく、Attached is...となる。

お客様のご旅行の修正した旅程表を添付いたします。

134 解説
「〜を添付していますのでご覧ください」に当たる表現。このまま覚えておきたい。You will find our latest brochure attached.のattachedが先頭に出た形。

お客様のご要望どおり、当社の最新パンフレットを添付していますのでご覧ください。

135 解説
134と同様にattached to this e-mailが冒頭に来て慣用表現化したもの。

詳しい情報が掲載されているチラシをこのメールに添付していますのでご覧ください。

■ 補足情報を伝える表現①　　　　　　　　　　　　　Track 24

136

As a reminder, the warranty on your video camera will expire on July 31.

137

As mentioned above, we need to analyze the market as soon as possible.

138

As an additional service to you, we have enclosed a voucher worth $20.

136　解説
すでに伝えてあることを再度伝える際の前置きとして使われる表現。

ご存じとは思いますが、お客様のビデオカメラの保証は7月31日に期限切れとなります。

137　解説
同じメールや文書内ですでに述べたことを再度伝える際に用いる。As stated above（上で述べたように）やAs indicated above（上で示されているように）などのように汎用性がある。

以上に述べましたように、私たちはできるだけ早く市場を分析する必要があります。

138　解説
追加でサービスを提供する際に使われる。

お客様への追加のサービスとして、20ドル相当の商品割引券を同封いたします。

■ 補足情報を伝える表現②　　　　　　　　　　　　　　Track 25

139 □□□

For your convenience, we are open until 9:00 P.M. on Friday.

140 □□□

For information about our services, please take a look at our brochure.

141 □□□

For references, please contact the following e-mail address.

---

139 解説 文書の後半で使われる表現。読み手のためになりそうな情報を伝える際に使われる。

お客様の便宜を図るため、当店は金曜日には午後9時まで営業しています。

140 解説 情報がどこで見つかるかを示す表現。

当社のサービスについての情報は、当社のカタログをご覧ください。

141 解説 問い合わせ先を伝える際に使われる。

お問い合わせは、次のメールアドレスへご連絡ください。

■ 連絡手段を伝える表現①　　　　　　　　　　　　　Track 25

142

If you have any questions or concerns, please contact us at any time.

143

If you have any further inquiries, please don't hesitate to contact us.

144

Should you have any questions regarding our service, please contact our staff.

142
解説　If you have any questionsだけの場合も多い。concernsは「心配ごと」のこと。基本的には「連絡をください」という内容になる。

何かご質問やご心配の点がございましたら、いつでも私どもにご連絡ください。

143
解説　further inquiriesはmore questionsの同義語。

さらに何かご質問がございましたら、遠慮なく私までご連絡ください。

144
解説　Should you...は、If you...よりも、かしこまった使い方。regardingはaboutの同義語である。

当社のサービスにつきまして何かご質問がございましたら、私どものスタッフにご連絡ください。

■ 連絡手段を伝える表現②　　　　　　　　　　　　　　　　　　　Track 26

145

For more details, visit our Web site at www.movingift.com.

146

For advance registration, please visit our Web site.

147

To learn more about our products, please go to our Web site at www.jaymanufact.com.

145　解説：詳細情報がどこで手に入るかを伝える表現。基本的には、文書の後半で使われる。

より詳しいことは、当社のウェブサイトwww.movingift.comをご覧ください。

146　解説：事前登録を求める際に使われる。To register in advanceという言い方もできる。

事前登録をするには、当方のウェブサイトをご覧ください。

147　解説：一般的な紹介をした後で、さらに詳しい情報を知りたい人への行動を伝える表現。

当社の製品についてさらに詳しくお知りになりたい場合は、ウェブサイトwww.jaymanufact.comまでアクセスしてください。

■ 連絡手段を伝える表現③　　　　　　　　　　　　Track 26

148 □□□

If you have any other questions, please feel free to contact me.

149 □□□

Please do not hesitate to contact me if you have any questions.

150 □□□

Feel free to contact me so that I can provide you with the necessary information.

148
解説　「遠慮なく～してください」の定型表現。この文自体をすべて覚えておきたい。

ほかに何かご質問がございましたら、ご遠慮なく私宛てにご連絡ください。

149
解説　hesitateは「ためらう」という意味。feel free to... と同様に、遠慮なく質問してください、という場合に使われる表現。

もし何かご質問がございましたら、ご遠慮なく私宛てにご連絡ください。

150
解説　接続詞so thatの後は、連絡することの目的を伝えている。

お気軽にご連絡をいただければ、私がお客様に必要な情報をお伝えいたします。

■ 連絡手段を伝える表現④　　　　　　　　　　　　　　Track 27

151 ☐☐☐

I can be reached by phone at 555-1220.

152 ☐☐☐

If you have any questions, you can reach me at 555-2211.

153 ☐☐☐

You can email me with any information you have about the problem.

---

151 解説　「連絡が取れる」をcan be reachedという。I can be reached at...とそのまま電話番号やメールアドレスが続くこともある。

私へのご連絡は、電話で555-1220にお願いします。

152 解説　151を能動態にした形。

何かご質問がございましたら、555-2211の番号で私宛てにご連絡ください。

153 解説　You can...で「〜してもよいですよ」という弱い依頼を表すことができる。弱い提案には、You may want to...（〜するのもよいかもしれません）というのもある。

その問題については、どのような情報でも私にメールしてください。

■ 連絡手段を伝える表現⑤　　　　　　　　　　　　　　　**Track 27**

154 ☐☐☐

For more information, give us a call at 555-2213.

155 ☐☐☐

If you would like to extend your stay, please talk to our front desk staff.

156 ☐☐☐

For more information about our products, speak to one of our service representatives.

154
解説　give us a callは、call usということもできる。詳細情報は、電話、メール、ウェブサイトのどれかが基本である。

詳細については、555-2213までお電話ください。

155
解説　ホテルに関する文書にある表現。直接話す場合は、talk to...やspeak directly to... (〜に直接話してください)のように書かれることが多い。

お客様が宿泊を延長されたい場合は、当ホテルのフロント係にお話しください。

156
解説　representativesは「担当者」のこと。問い合わせにあたって、サービス担当者がサポートしてくれる状況は多い。

当社の製品についてのより詳しい情報は、顧客サービス担当者にお問い合わせください。

■ 結びに使われる表現①　　Track 28

157 □□□

I look forward to seeing you next week.

158 □□□

I look forward to hearing from you soon.

159 □□□

We look forward to working with you at Cosmofines Electronics.

---

157 解説 文書の最後に書かれることが多い。look forward to...のtoは前置詞で、その後には動名詞が入る。

来週お目にかかれることを楽しみにしております。

158 解説 返事を求める際の締めの文として使われる。

すぐにご返事をいただけることを期待しております。

159 解説 採用する人物に宛てたレターなどに見られる表現。

Cosmofines Electronicsであなたと一緒に仕事ができることを楽しみにしております。

■ 結びに使われる表現②　　　　Track 28

160

Thank you for your patience.

161

Thank you for your patronage.

162

Thank you for your time and consideration.

---

160 解説
patienceは「忍耐、我慢」のこと。待たせている場合や、問題が解決されていないときなどに使われる。

お待たせしており申し訳ありません。

161 解説
店や図書館など、顧客や利用者に対しての文書で使われる。

毎度のお引き立て、ありがとうございます。

162 解説
時間を取って何かを検討してもらう際に使われる。

お手数ですが、よろしくお願いいたします。

■ 結びに使われる表現③　　　　　　　　　　　　　　Track 29

163 ⬜⬜⬜

Thank you in advance for your cooperation.

164 ⬜⬜⬜

Once again, thank you very much for your business.

165 ⬜⬜⬜

We greatly appreciate your cooperation.

---

163 解説：事前にお礼を伝える表現。日本語の「よろしくお願いいたします」に近い。

ご協力よろしくお願いいたします。

164 解説：冒頭でお礼を伝え、さらに文末でお礼を伝える際にonce againが用いられる。

お買い上げいただきましたことを、重ねて感謝いたします。

165 解説：協力への感謝を伝える表現。Thank you for...よりもフォーマルな表現。

あなたのご協力に大変感謝いたします。

■ 結びに使われる表現④　　　　　　　　　　　　　Track 29

166 ☐☐☐ 🇬🇧

We apologize for any inconvenience.

167 ☐☐☐ 🇺🇸

Please let me know if you need any help.

168 ☐☐☐ 🇬🇧

I hope to hear from you soon.

---

166 解説
遅延や問題などが起こった際の謝罪に使われる。apologize (to 人) for 物事、という構造。inconvenienceは「不便」という意味。

ご迷惑をおかけすることをおわびいたします。

167 解説
「何か必要なことがあれば教えてほしい」と伝えたい場合に使われる表現。

何かお手伝いが必要であれば、お知らせください。

168 解説
158 (p.72) のI look forward to hearing from you soon.と同様に、返事を待っていることを伝える表現。

ご返事をお待ちしております。

column

本書の表現で英文メールを書こう！①

ビジネス文書には、「型」があります。本書で学習する定型表現やコロケーションが頭に入っていると、英文メールや手紙がスムーズに書けるようになります。実際にサンプルを確認してみましょう。

❶ 打ち合わせの日程を打診する

アメリカにいるエージェントのMs. Andersonから、来月に日本に来るというメールを受け取りました。メールには、滞在中に打ち合わせができないかと書かれていたため、その返事を書くことになったという状況です。

Dear Ms. Anderson,

Thank you for your e-mail.

We are pleased that you will be coming to Japan next month. As you requested, we would like to set up a meeting with you while you are in Tokyo. We would be grateful if you could spare about one hour for a meeting at our office. Could you please let me know what time and date would be convenient for you?

We look forward to hearing from you.

Best regards,

Keiko Hashimoto
ABC Company

導入部で **001** Thank you for... を使っています。メールの返信をする際に、Thank you for your e-mail. は特に使い勝手のいい表現です。

本文の冒頭では、**019** We are pleased that... で、相手が来日することをうれしく思っている旨を伝えます。続く **049** As you requested... は相手の要望に応える場合に使います。**123** We would be grateful if... は丁寧な依頼の表現です。**119** Could you please let me know... は、教えてほしいことがある場合の丁寧な依頼表現です。

最後は、**158** I look forward to hearing from you. の主語を変えています。

（日本語訳はp.108）

第2章
文書形式別の定番表現

第1章では、メールとレターで使われる表現を取り上げましたが、本章ではそれ以外の文書でよく用いられる定番表現を紹介します。フォーム、レポート、連絡文書、案内、広告、求人広告といった文書のうち、それぞれに特有の表現をしっかりと覚えておきましょう。

■ フォームで使われる表現　　　　　　　　　　　　　　　　Track 30

169

Please take a moment to complete this questionnaire.

170

This form is intended for use by dental patients only.

171

We keep your information confidential.

---

169 解説
アンケートのお願いをする際に使われる表現。take a momentで、少し時間を取ることをお願いしている。

お手数ですが、このアンケートにお答えください。

170 解説
用紙の用途を伝える表現。be intended for...で、「〜に向けられた、対象とした」という意味。

このフォームは、歯科の患者のみを対象とした使用を目的としています。

171 解説
keep ＋モノ＋ 形容詞で、「〈モノ〉を形容詞の状態にする」という意味になる。文書の書き方について、keep it simple（シンプルなものにする）のように使われる。

お客様の情報は保護されます。

■ レポートで使われる表現　　　　　　　　　　　　　　**Track 30**

172 ☐☐☐ 🇬🇧

Research shows that teams work best when they face challenges to overcome.

173 ☐☐☐ 🇺🇸

Statistics indicate that one in five people aged over 25 is working harder than in previous years.

174 ☐☐☐ 🇬🇧

The results showed that over 40 percent of respondents were dissatisfied with the speed of service.

---

172 解説　研究の結果を示すときに使われる。

研究によって、克服すべき困難に直面するとチームが最も機能することが示されています。

173 解説　statistics（統計）はdata（データ）の同義語。

統計によると、25歳の5人に1人が以前の年よりも熱心に働いていることが示されています。

174 解説　調査などの結果を伝える書き方。TOEICにおいて、調査結果や統計が示されることは多い。

その結果によれば、40パーセント以上の回答者が給仕のスピードに不満がありました。

■ 連絡文書で使われる表現　　　　　　　　　　　　　　　　Track 31

175

The next meeting will be on Monday, May 2, at 10:00 A.M.

176

The purpose of this survey is to find out more about our customers' needs.

177

The goal of this presentation is to provide an overview of the new strategy.

解説 175
会議の日程を伝えるときの表現。

次の会議は、5月2日の月曜日午前10時に開催されます。

解説 176
調査目的を伝えるときに使われる。調査に関する内容は頻出する。

この調査の目的は当社の顧客のニーズをさらに詳しく知ることです。

解説 177
何のためのプレゼンテーションかを明確に伝える言い方。

このプレゼンテーションの目標は、新しい戦略の概要をお伝えすることです。

■ 案内で使われる表現①　　　　　　　　　　　　　　Track 31

178 □□□

Oscar Devices Corp. is proud to announce the launch of its new product.

179 □□□

Company policy states that everyone must wear an identification badge.

180 □□□

Advance reservations are required to attend the medical conference.

178
解説　ポジティブな内容を発表する際に使われる。be proudで「誇りに思う」という意味。

Oscar Devices社は、新製品の発売をご案内申し上げます。

179
解説　会社の規定に書かれている内容を伝える場合は、statesのように現在形が使われる。

会社の規定は、誰もがIDカードを身につけなくてはならないと定めています。

180
解説　イベントへの参加登録などで見られる。必要なことを伝える際によく使われるのが、be required to...である。

その医学会議に出席するには、事前の予約が必要です。

■ 案内で使われる表現②　　　　　　　　　　　　　　Track 32

181

Online ordering will be available beginning on April 1.

182

Effective April 1, the new company policy will be introduced.

183

The deadline for submission is May 2.

---

181 解説　beginning on April 1で「4月1日から始まる」という情報を追加している。

オンラインでのご注文が、4月1日からご利用できるようになります。

182 解説　Effecitve +日付／曜日／時間などで、「〜付で有効になる」という意味。

4月1日をもって、新しい会社規則が導入されます。

183 解説　提出期限を伝える表現。be動詞の後には、日付／曜日／時間などが続く。

提出期限は5月2日です。

■ 広告で使われる表現①　　　　　　　　　　　　　　　Track 32

184

As a token of our appreciation, we are offering a complimentary gift to our valued customers.

185

To show our appreciation to our valued customers, we will be offering you a free ticket to the movie *The Transformation Team*.

186

There's never been a better time to buy a new car.

---

184 解説　サービス内容が後ろに続く。なお、As a token of our apology（謝罪の印として）という表現もある。

私どもの感謝の印として、大切なお客様方へ粗品をお贈りいたします。

185 解説　to不定詞を用いて、「〜するために」という表現が使われることは非常に多い。

大切なお客様への感謝の意を表すために、映画*The Transformation Team*の無料招待券をお贈りいたします。

186 解説　今が行動の時であることを促す表現。まさに、「今でしょ」と伝えている。

新しい車を買うのにまたとない機会です。

■ 広告で使われる表現②　　　　　　　　　　　　　　　Track 33

187

Advance tickets will be on sale at the Hartle Institute.

188

Service representatives are available Monday through Friday from 9:00 A.M. to 5:00 P.M.

189

At our facility, audio equipment is available **at no extra charge**.

187

解説　販売されている状態のことを、on saleという。CMにある"Now on sale"で知っている人も多いはず。

Hartle Instituteで前売り券が販売される予定です。

188

解説　担当者が対応できる状態をavailableで表すことができる。

顧客サービス担当者は、月曜日から金曜日の午前9時から午後5時の間まで待機しています。

189

解説　無料という表現には、ほかにもat no cost、free of charge、for freeなどがある。

当施設では、オーディオ機器が追加料金なしでご利用になれます。

■ 広告で使われる表現③　　　　　　　　　　　　　Track 33

190

Buy now and receive a discount voucher valid for two years from the date of purchase.

191

For a limited time only, you can enjoy a 25 percent discount on selected items.

192

Our complete line of digital cameras is available at lower prices for a limited period of time.

190
解説　購入日のほか、from the date of issue（発行日から）という表現が使われる場合も多い。

いますぐお買い求めいただくと、購入日から2年間有効の割引券がもらえます。

191
解説　割引セール関連の広告に多い表現。

期間限定で、お客様は一部の商品につき25パーセントの割引が受けられます。

192
解説　191と同じく、セールや優待などの期限がある場合に使われる。

当社のデジタルカメラの全商品が、限定期間中、通常よりも安い価格でお買い求めになれます。

■ 求人広告で使われる表現①　　　　　　　　　　　　　　Track 34

193

We are looking for a talented individual to serve as a sales representative.

194

EXAS Engineering is currently seeking full-time system engineers.

195

We are recruiting an experienced business analyst to join Markey Research Institute.

193
解説　求人広告の冒頭で使われる表現。looking forの後には職種が提示されることが多い。

当社は、営業社員として働いていただける有能な人材を探しています。

194
解説　193と同様に、求人広告の冒頭で募集職種を表す際に使われる表現。seek（求める、募集する）はlook forの同義語。

EXAS Engineeringでは、現在、常勤のシステム・エンジニアを募集しています。

195
解説　recruitを動詞で使うと、「募集する」という意味になる。また、名詞を用いてnew recruitといえば、新たに採用された人物（新入社員）のことを言う。

Markey Research Instituteに加わる経験豊富なビジネスアナリストを求めています。

■ 求人広告で使われる表現②　　Track 34

196 □□□

Applicants should possess a broad background in sales or marketing.

197 □□□

Qualified applicants will have a college degree.

198 □□□

Candidates should have a strong background in marketing.

196
解説　apply（応募する）した人物をapplicantと呼ぶ。また、possess（所有する）はhaveの同義語で、Applicants must have... ということも多い。

志願者は、営業もしくはマーケティングの幅広い経歴を持っていなければなりません。

197
解説　196と同じく、求めている資格条件を表す際に使われる。求人広告にqualifiedと書かれていたら、資格条件に関する内容が続くと判断できる。

条件に合う応募者は、大学の学位を持っていなければなりません。

198
解説　candidate（候補者）はapplicant（応募者）の同義語。

候補者は、マーケティング分野での豊富な経歴を持っていなければなりません。

■ 求人広告で使われる表現③　　Track 35

199

Selected applicants will be contacted for an interview by February 16.

200

The ideal candidate will have a master's degree in business administration.

201

The successful candidate will have at least five years of work experience.

---

199 解説　selectedは「選ばれた」という意味。書類選考をパスした人に対する内容が続いている。

選考された志願者は、2月16日までに面接の連絡を受けることになっています。

200 解説　idealは「理想的な」を意味し、資格条件を表している。学歴にはcollege degree（大卒の学位）も頻出する。

望ましい候補者は、経営学の修士号を持っていることが必要です。

201 解説　資格条件に経験年数が書かれていることは多い。

合格者になるには、最低5年間の職務経験があることが必要です。

■ 求人広告で使われる表現④　　Track 35

202

Requirements include excellent verbal and written communication skills.

203

Responsibilities of the position include developing educational programs and recruiting students.

204

For terms and conditions, please refer to the enclosed document.

---

202 解説　requirementの動詞形 require を使った be required（必要である）という表現も覚えておこう。

必要条件には、口頭および文書での優れたコミュニケーション能力が含まれます。

203 解説　職務が書かれているのは、募集している職種のすぐ後が多い。

その職の責務には、教育プログラムの開発と学生の採用を含みます。

204 解説　termsで契約期間、conditionsで契約条件を意味し、まとめて terms and conditionsで使われる。

諸条件につきましては、同封の資料をご参照ください。

■ 求人広告で使われる表現⑤　　　Track 36

205

Applicants must have a minimum of five years of experience in sales.

206

The successful candidate will have a college degree in business or a related field.

207

The sucessful candidate will have broad experience in sales or a similar area.

---

205 解説：a minimum of... は、at least の同義語。経験年数に対して使われる。

応募者は、最低5年間の営業職の経験を持っていなければなりません。

206 解説：求めている専門や仕事分野を述べた後で、or a related field（または関連する分野）と幅を持たせる表現。

合格者になるためには、経営学または関連する分野での学位が必要です。

207 解説：206と同様に、関連した分野の経験も可であることを示す表現。similarは「似ている、類似の」という意味。

合格者になるためには、営業職もしくは同種での幅広い経験が必要です。

■ 求人広告で使われる表現⑥　　Track 36

208 🇬🇧

Individuals interested in the position should apply by e-mail.

209 🇺🇸

Interested individuals should submit a résumé.

210 🇬🇧

Applications can be filed online at our Web site.

---

208 解説
提出方法など、方法はbyで表すことが多い。

その職に興味のある方は、メールでご応募ください。

209 解説
submit（提出する）の代わりに、send a résumé（履歴書を送る）という場合もある。

関心がおありの方は、履歴書を提出してください。

210 解説
この場合のfileは、「提出する」という意味でsubmitの同義語。be filed electronically（電子的に提出される＝メールで提出される）という表現もある。

応募は、当社のウェブサイトにてオンラインで行うことができます。

column

本書の表現で英文メールを書こう！②

ビジネス文書では、凝った表現を使うより、シンプルにわかりやすく伝えることが求められます。「シンプルにわかりやすく」を実現するために、本書で学んだ表現をどんどん使ってください。

❷ お礼のメールを送る

先週、海外支社を訪れた際、歓迎を受けて、現地で工場見学を手配してもらいました。無事に日本に戻ったので、そのお礼を含め、今後の関係にもつなげるメールを書くことになったという状況です。

Dear Mike,

I'd like to thank you for all your help and for your wonderful hospitality to Mr. Tanaka and I when we were in New York. We returned to Tokyo on Sunday.

We were very happy to receive such a warm welcome, and we truly appreciate your setting up the factory tour for us. In particular, we were impressed by your work efficiency, which has resulted in improving productivity as well as reducing cost.

We are confident that your teams and ours can work together, and make new things happen.

Thank you again.

Best wishes,
Kazu

最初に、**018 I'd like to thank you for..** を使って感謝を伝えています。

第2段落の冒頭は、**021 We are happy to...** の応用で、We were very happy to... 相手と very を入れて強調するとともに、時制を過去形にしています。続く we were impressed by も、**080 I was impressed by...** の応用です。

最後は、**089 We are confident that...** を使って力強くまとめています。

（日本語訳は p.108）

第3章
覚えておきたい接続表現

英語にかぎらず、文章を理解するためには、文と文がどう関連しているのか、その関係性を考えながら読んでいく必要があります。接続詞は、その関係性をわかりやすく示す語です。この章では、接続詞とともに、接続詞の働きをする前置詞句や副詞についても、あわせて取り上げます。

■ 接続表現① Track 37

211

Although there was a flight delay, we arrived at the final destination on time.

212

Despite the inclement weather, most of the participants arrived at the event on time.

213

Sales remain the same so far in spite of the fact that we have spent more on advertising.

---

211 解説 althoughは「〜にもかかわらず」という逆接の接続詞なので、前半と後半の意味が逆転することを予想しながら読むと理解しやすい。ほかに、Even though（〜にもかかわらず）も頻出。

航空便に遅れが出たものの、私たちは時間どおりに最終目的地に到着しました。

212 解説 despiteは逆接の働きをする前置詞で、接続詞althoughと同様に意味が逆転する。なお、前置詞の後ろには名詞句が続く。

荒れ模様の天気にもかかわらず、ほとんどの参加者はそのイベントに時間通りに到着しました。

213 解説 despiteの同義語。211〜224の接続詞・前置詞の節や句は、前に持ってくることも、後ろに持ってくることもできる。前に出す場合、接続詞／前置詞に続く内容を特に重視し、やや堅い印象を与える。

広告により多く費用をかけたにもかかわらず、売り上げはこれまでのところ変わりません。

■ 接続表現②　　　　　　　　　　　　　　　Track 37

214

Once this issue has been resolved, we will move on to the next step.

215

Unless your application is submitted by the due date, you will not be accepted into the workshop.

216

We guarantee your complete satisfaction, provided that you follow the instructions.

214

解説　接続詞onceは、as soon as（〜したらすぐに）やafter（〜の後）の同義語。

この問題が解決され次第、次のステップへ進みます。

215

解説　unless（〜でない限り）は、notを伴わずに「〜でない限り」を表す。unless it rains tomorrow（明日雨が降らない限り）のようなシンプルなもので覚えておくとよい。

期日までに申込書が提出されない限り、ワークショップへの参加は認められません。

216

解説　provided thatは、ifと同様に条件を伝えるもの。provided that以降の内容が行われれば、前半の内容が起こることを意味する。

指示に従っていただけるのであれば、十分にご満足いただけることを保証いたします。

接続表現③

217

Do not use the photocopier on the second floor, as it is still out of order.

218

Since we don't have a large enough budget, we cannot afford to place additional orders.

219

The president's visit to the factory has been canceled because of urgent business requiring his attention.

---

217 解説 asには「～のため」、「～のように」など多くの意味があるため、文脈から理解する必要がある。この場合は、becauseの同義語。

2階にあるコピー機は、まだ故障しているので使用しないでください。

218 解説 sinceには「～以来」、「～なので」などの意味があるので、どのような意味になるかは文脈から判断する。

十分な予算がないため、追加の発注ができません。

219 解説 理由を伝える前置詞。後ろには名詞句が続いている。文（主語＋動詞）が続く場合は、becauseにする必要がある。

社長の工場訪問は、彼の対応を必要とする緊急のビジネス案件のために中止されました。

■ 接続表現④　　　　　　　　　　　　　　　　　　　　Track 38

220 ☐☐☐

Whether you are an existing member or a newcomer, you will have a great shopping experience at our online shopping site.

221 ☐☐☐

No matter whether you speak English, French, or Spanish, our multilingual staff can help you.

222 ☐☐☐

Even if you have never attended the program, you can take one of our courses for beginners.

220
解説　whether A or Bで、「AかBかにかかわらず」という意味になる。whether A or not（～であってもそうでなくても）という使い方もある。

あなたがすでに会員であるのか初めての利用者なのかにかかわらず、当社のショッピングサイトですばらしいショッピング体験をすることになるでしょう。

221
解説　no matter when/where/who/what/whether/how...などで、「たとえ～であっても」という意味になる。その後に続く、English, French, or SpanishのようにA, B, or Cという並列の仕方にも注意しておきたい。

英語、フランス語、スペイン語の話者であっても、私どもの多言語スタッフがお客様をサポートいたします。

222
解説　Even if...で、「たとえ～だとしても」という条件を表す。if...（もし～ならば）の意味とは逆になるため注意したい。

このプログラムに参加したことがなくても、初心者向けのコースをご受講になれます。

97

■ 接続表現⑤ Track 39

223

If you require any assistance during your stay, please do not hesitate to contact our staff.

224

Employees must keep away from the heavy machinery while it is in operation.

225

I am writing a summary of the meeting. In the meantime, could you inform the team members of the changes to the event?

223

解説 duringの後ろには、courseやvacationなど開始から終了まで時間的な幅のある語句が入る。

お客様の滞在中に何か手助けが必要でしたら、遠慮なくスタッフに連絡をしてください。

224

解説 「～の間」という意味の接続詞。後ろには主語＋動詞が続く。なお、227との意味の違いも確認しておきたい。

従業員は、重機が作動している間、それに近づかないようにしてください。

225

解説 前文の内容を行っている間に、何か行動をしてほしいときに使う表現。同義語にmeanwhileがある。

私はその会議の要旨をまとめています。その間に、チームのメンバーにイベントの変更点を伝えていただけますか。

■ 接続表現⑥　　　　　　　　　　　　　　　　　　Track 39

226

Our domestic sales have skyrocketed over the past three months. On the other hand, our products have not been selling well in foreign markets.

227

While I was satisfied with your courteous service, I was disturbed by the noise outside.

228

Handling everything by ourselves takes too much time. By contrast, outsourcing some tasks will save us time.

226

解説 物事を対比するときに使われる。プラス面とマイナス面など、2つの側面を同時に伝える表現。

当社の国内の売り上げは過去3カ月で急激に上昇しました。一方、当社の製品は海外市場ではあまり売れ行きがよくありません。

227

解説 whileには「～の間」のほかに、「～の一方で」という意味もある。どちらの意味になるかは、文脈で判断する。

私はあなたのお店の丁寧なサービスに満足した一方で、外からの騒音で落ち着きませんでした。

228

解説 on the other handと同様に、物事の対比に使われる。

すべてのことに自分たちで対処するには多くの時間がかかります。一方、いくつかの仕事をアウトソーシングすることは時間の節約になります。

■ 接続表現⑦　　　　　　　　　　　　　　　　　　　　　　　**Track 40**

229

Attached is the latest plan for the sales seminar. However, the schedule is still tentative and subject to change without notice.

230

Orange Motors spent more of its budget on promotion. Nevertheless, sales have so far not been as good as expected.

231

Thank you for your inquiry regarding our products. Unfortunately, the latest model is currently out of stock and will not come in until next month.

229

解説　「しかし、ただし」という意味の逆接の副詞。肯定的な内容に続いてhoweverが出てきたら、話は否定的な内容に展開することがわかる。

販売セミナーの最新のプランを添付いたします。ただし、そのスケジュールはまだ暫定的で、告知なしに変更することがあります。

230

解説　howeverの同義語で、逆接の副詞。

Orange Motorsは広告に予算をさらに費やしました。それにもかかわらず、これまでの売り上げは期待したほどではありません。

231

解説　Unfortunately…に続く内容は、読み手にとってマイナスの内容である。話の展開を示す内容をヒントにすることで、読解スピードが上がりやすい。

当社の製品に関してお問い合わせありがとうございます。申し訳ございませんが、最新モデルは現在、在庫が切れで来週まで入荷予定はありません。

■ 接続表現⑧ Track 40

232

More than 100 people have registered for the upcoming event. Therefore, we need to reserve a larger space.

233

More and more people prefer to buy books online. For this reason, we need to change our sales strategies as soon as possible.

234

Our competitors have started producing low-cost models. That is why our market share has suddenly gotten smaller.

232
解説 Therefore... に続くのは、前文の内容を受けての結論である。

100人以上の人々が今度のイベントに登録しています。したがって、私たちはもっと大きな会場を確保する必要があります。

233
解説 前文が理由となり、For this reason... に続く内容へと展開する。

ますます多くの人々がネットで本を購入することを好ましく思っています。したがって、私たちは販売戦略をできるだけ早く変える必要があります。

234
解説 For this reason... と同様に、前文が理由となっている。That is why に続けて、主語+動詞が置かれる。

ライバル社が低価格のモデルの生産を開始しました。そういうわけで、当社の市場占有率は以前に比べて突然縮小したのです。

■ 接続表現⑨　　　　　　　　　　　　　　Track 41

235

Click the product you would like to order. Then enter the number of the item in the box.

236

Meeting rooms can be reserved online. Alternatively, you can reserve a room by calling the reservation center at 555-2293.

237

Please obtain a visitor's badge at the reception desk. Otherwise, you will not be allowed to enter the building.

235　解説
ここでのthenは、順序を示す表現。thenのほか、next（次に）も使われる。

ご注文になりたい製品をクリックしてください。その次に注文数を所定の欄に入力してください。

236　解説
副詞alternativelyは、意味的には接続詞のor（または）と同じ。代案を提示する際に使われる。

会議室はオンラインで予約することができます。あるいは、予約センターの番号555-2293に電話をして部屋を予約することができます。

237　解説
副詞otherwiseは、「さもないと」を意味する接続詞orと同じといえる。前文の内容を行わない場合に、otherwise以降のことが起こるという関係。

受付で訪問者用の入館証を受け取ってください。さもないと、ビルに入ることができません。

■ 接続表現⑩　　　　　　　　　　　　　　　　　　Track 41

238

David Howard has extensive experience in marketing. Furthermore, he can speak three languages fluently.

239

John Rodriguez is a talented, reliable manager. Moreover, he works efficiently under pressure.

240

Our digital cameras are currently available at discount prices. Additionally, some models come with a complimentary camera bag.

238

解説 情報を追加する際に使われる。238、239、240はすべて情報追加の副詞である。

David Howardは、マーケティングにおいて豊富な経験があります。さらに、3つの言語を流暢に話せます。

239

解説 情報追加の場合、前文がプラスの内容であれば、副詞に続く内容もプラスの内容となる。

John Rodriguezは、才能があって信頼できるマネージャーです。さらに、プレッシャーの中でも効率的に作業ができます。

240

解説 244 (p.105)に出てくるIn addition...で置き換えることもできる。

現在、当社のデジタルカメラが割引価格となっております。さらに、いくつかのモデルには、無料でカメラバッグをおつけしています。

■ 接続表現⑪　　　　　　　　　　　　　　　　　　　　　　Track 42

241

There are several places of interest. In particular, it is strongly recommended that tourists visit the National Botanical Garden.

242

The online tutorial is helpful, particularly for beginners.

243

It is necessary to pay close attention, especially when using numbers in your documents.

241
解説　前文で伝えた内容の中で、さらに具体的なものに絞った情報を伝えている。

興味のある場所がいくつかあります。特に、観光客はNational Botanical Gardenに行かれることを強くお薦めします。

242
解説　ほかのレベルの人にも役に立つが、「特に初心者」というように具体的に内容を絞る際に使われる。

そのオンラインチュートリアルは、特に初心者に役立ちます。

243
解説　particularlyの同義語で、具体的なものを提示する際に使われる。

特に書類で数字を扱う場合には、細心の注意が必要です。

■ 接続表現⑫

244

In addition, I was dissatisfied with the limited availability of computers.

245

In return, you will receive a coupon worth 20 dollars.

246

Sales in the first and second quarter increased by 10% and 8%, **respectively**, from last year.

---

244 解説 前の内容を受けて、情報を追加する際に使われる。In addition to...（〜に加えて）も頻出する。

さらに、私はコンピューターのわずかな在庫状況が不満でした。

245 解説 アンケートなどを記入してもらった場合の謝礼を伝える文などで頻出する。

お返しに、20ドル相当の割引券を受け取れます。

246 解説 最初に述べられているthe first quarterが前半の数字である10%で、次のthe second quarterが後半の8%という対応であることを伝えるのがrespectivelyである。

第1四半期と第2四半期の売り上げは、去年と比べて、それぞれ10パーセントと8パーセント伸びました。

接続表現⑬

247

Given our workload, we will need to extend the deadline by at least a week.

248

Aside from the increase in cost, the quality of service has gone down.

249

Please check our job openings from time to time so that you don't miss any opportunities.

---

247 解説
この場合のgivenは、前置詞扱いとなり「〜を考慮して」という意味になる。given our situation（状況を考慮すると）のようにも用いられる。

私たちの仕事量を考慮すると、期限を少なくとも1週間延長する必要があるでしょう。

248 解説
Aside from...は、In addition to...で置き換えることもできる。

価格の上昇に加えて、サービスの質が下がっています。

249 解説
前半の行動をすることで、so that以降が可能となる、という関係になっている。

どのようなチャンスも逃さないように、当社の求人情報を時折ご確認ください。

■ 接続表現⑭　　　　　　　　　　　　　　　　Track 43

250 ☐☐☐ 🇬🇧

Starlike Electronics's new vacuum cleaner was featured in several magazines. Consequently, its sales have doubled.

251 ☐☐☐ 🇺🇸

In the end, sales figures reached the quota for this year.

252 ☐☐☐ 🇬🇧

Overall, I was satisfied with my stay at Harvel Hotel.

250
解説: 前文の内容の結果が提示される。同義語にas a result（結果として）がある。

Starlike Electronics の新しい掃除機が、いくつかの雑誌で特集されました。その結果として、売り上げが2倍になりました。

251
解説: 最終的にどうなったかを伝える表現。

結局、売り上げ高は今年のノルマを達成しました。

252
解説: 細かいことはいろいろとあったかもしれないが、全体としてどうかを伝えるときに使われる。感想や結果を伝えるときによく使われる。

全体として、私はHarvel Hotelでの滞在に満足しました。

column

本書の表現で英文メールを書こう！③

ここでは、コラム①（p.76）とコラム②（p.92）で紹介したサンプルメールの日本語訳を確認してみましょう。

❶ 打ち合わせの日程を打診する

Anderson 様

メールをお送りいただき、ありがとうございます。

来月、日本へいらっしゃることをうれしく思います。ご要望どおり、あなたが東京に滞在している間、打ち合わせを行いたいと思います。弊社のオフィスで1時間ほど打ち合わせのお時間をいただけましたら幸いです。どの日時でしたら都合がよいかお知らせください。

お返事をお待ちしております。

敬具

Keiko Hashimoto
ABC Company

❷ お礼のメールを送る

Mike 様

タナカさんと私がニューヨークに滞在している間、いろいろとお世話になり、また私たちに素敵なおもてなしをしていただいたことを感謝いたします。私たちは日曜日に東京に戻りました。

あのような温かい歓迎をしていただき大変うれしく思いますし、私たちのために工場見学を手配していただいてとても感謝しています。特に、感銘を受けたのが作業効率で、生産性の改善とともにコストの削減にもつながっていました。

あなたのチームと私たちのチームが協力することで、新しいことができると確信しています。

重ねてお礼を申し上げます。

敬具

Kazu

第4章
リーディング頻出語句

本書では、place an order（注文する）といった動詞と目的語のよく見られる組み合わせをコロケーションと呼び、前置詞句などのフレーズとは区別しています。頻出のコロケーションやフレーズを知っていると、定番表現以外の部分を読む上で大きなアドバンテージとなります。

■ 重要コロケーション①　　　　　　　　　　　　　　Track 44

253

The job provides the opportunity to work with a wide variety of people.

254

This guidebook provides information about hotels and sightseeing spots in Japan.

255

I am pleased to inform you that we have decided to offer you the position.

253　解説　求人広告で頻出する表現。opportunity to advance your career（キャリアアップの機会）というフレーズも頻出する。

その仕事は、さまざまな人たちと仕事をする機会を提供します。

254　解説　provide you with information about... という言い方もできる。

このガイドブックには、日本にあるホテルや観光名所についての情報が記載されています。

255　解説　採用決定のメールで使われる。offer ＋人＋モノという語順で覚えておきたい。

この職にあなたの採用を決定いたしましたので、ご連絡申し上げます。

■ 重要コロケーション②　　　　　　　　　　　　　　　　Track 44

256 ☐☐☐

Once you have filled out the questionnaire, please hand it to one of our staff members.

257 ☐☐☐

Please fill in this questionnaire to help us better serve our customers.

258 ☐☐☐

Please complete the application form and return it to us by next Friday.

256
解説　アンケートの記入に関する内容は多く出題される。通常、記入後にどのように提出するかにも言及される。

アンケートのご記入が終わりましたら、スタッフの誰かにお渡しください。

257
解説　アンケートの冒頭に書かれていることが多い文。動詞は256のfill outとほぼ同じ意味だが、fill outは「書き込む」イメージで、fill inは「空欄を埋める」イメージ。

当店のお客様によりよいサービスをご提供するために、このアンケートにお答えいただくようお願いいたします。

258
解説　256、257と同様に応募や申込に関係ある文書で頻出する表現として覚えておこう。

申込フォームにご記入のうえ、次の金曜日までにご返送ください。

■ 重要コロケーション③　　Track 45

259 ☐☐☐

I am writing to request a refund.

260 ☐☐☐

I'd like to ask for your advice.

261 ☐☐☐

If you have any questions about how to use the software, please consult the manual.

259
解説　refundは「返金」のこと。get a refund（返金を受ける）やgive a refund（返金する）という表現もある。なお、full refundで「全額返金」となる。

返金を求めるためにご連絡をしています。

260
解説　ask for...は、依頼を求める表現。ask for helpやask for informationのように使われる。

あなたのアドバイスをいただきたいのですが。

261
解説　consult＋人の場合は、「相談する」となる。consult＋モノの場合は、「参照する」という意味である。

そのソフトウェアの使い方についてご不明な点がありましたら、取扱説明書をご参照ください。

■ 重要コロケーション④　　Track 45

262
I have **forwarded your e-mail to** the personnel department.

263
To increase sales, the board of directors has decided to **place an emphasis on** promotional activities.

264
We need to **go over the document** before submitting it to the client.

---

262 解説：e-mailに対して使う動詞には、send（送る）、receive（受け取る）、reply to（返信する）、forward（転送する）などがある。

人事部にあなたのメールを転送しました。

263 解説：put an emphasis on... や、put a stress on... ということもできる。

売り上げを増やすために、取締役会は宣伝活動に重点を置くことを決定しました。

264 解説：go over... は、checkの同義語。資料をチェックする話はよく出る。この後、ミスが見つかれば、revise the document（資料を修正する）という状況へ展開する。

私たちは、顧客に提出する前にその文書を念入りにチェックする必要があります。

■ 重要コロケーション⑤　　　　　　　　　　　　　　　　　Track 46

265 □□□

Anthony Morales will deliver the keynote address at the National Convention.

266 □□□

The winner will give a speech at the awards ceremony.

267 □□□

Sales representatives will make a presentation to potential clients at the booth.

265　解説　keynote addressは、イベント関係の内容に登場し、keynote speechともいう。なお、基調講演者は、keynote speakerである。

Anthony Moralesが全国大会で基調演説を行うことになっています。

266　解説　「スピーチをする」は、deliver a speech、make a speechともいえる。なお、awards ceremony（授賞式）は頻出のイベント。

勝者は授賞式でスピーチをすることになります。

267　解説　プレゼン関係の話題は多く、プレゼンの準備をする（prepare for a presentation）やプレゼンへの感想（feedback on a presentation）などの内容もよく出る。

営業担当者は、ブースで潜在顧客にプレゼンをすることになります。

■ 重要コロケーション⑥　　　　　　　　　　　　　Track 46

268 🇬🇧

To commemorate the fiftieth anniversary of our company, we will hold a luncheon on January 7.

269 🇺🇸

We will host a reception for all of the conference participants.

270 🇬🇧

We help companies organize banquets for special occasions.

268
解説：luncheonは、公式のlunchのこと。歓迎会や祝賀会として行われることもある。

当社の設立15周年を祝して、1月7日に昼食会を開催いたします。

269
解説：hostは「主催する」という意味の動詞。hold（開催する）も使われる。

会議の全参加者を対象としたレセプションを開催します。

270
解説：organize（企画する）はイベント関係のほか、organize a team（チームを組織する）などでも使われる。

私どもは、特別な機会に企業が晩餐会を催すお手伝いをしています。

■ 重要コロケーション⑦　　　Track 47

271 ☐☐☐

We need to set up a meeting with the client as soon as possible.

272 ☐☐☐

The architect was asked to draw up plans to expand the laboratory facility.

273 ☐☐☐

I just wanted to thank you for organizing a great workshop.

271
解説：set upは、set up a computer（コンピュータを設定する）のように、機械にも使われる。

私たちは、できるだけ早く顧客との会議を設定する必要があります。

272
解説：draw upは計画のほか、draw up a document（資料を作成する）、draw up a contract（契約書を作成する）のように文書の作成に対しても用いられる。

その建築家は研究施設を拡張する計画案を作成するよう求められた。

273
解説：研修を表す語は、workshopのほか、trainingやseminarなどもある。なお、講師として研修を行うことをlead a workshop（研修を率いる）という。

素晴らしいワークショップを開催していただいたことに対して、ひと言お礼を言いたかったのです。

■ 重要コロケーション⑧　　　　　　　　　　　　　Track 47

274

Could you please make arrangements for the upcoming conference?

275

Please fill out and return the enclosed registration form to reserve a seat.

276

If you need to cancel the reservation, please contact us at least one week in advance.

---

274 解説　make travel arrangements（出張の手配をする）や、make hotel arrangements（ホテルの手配をする）のように具体的な表現もある。

次回の会議の手配をしていただけますか。

275 解説　reserveの目的語には、flight、table、ticketなどさまざまなものが入る。

座席を予約するには、同封いたしました登録用紙にご記入のうえ、返送してください。

276 解説　予約に関するトピックでは、change the reservation（予約を変更する）も頻出する。

予約をキャンセルする必要がありましたら、少なくとも1週間前にご連絡ください。

■ 重要コロケーション⑨　　　　　　　　Track 48

277 ☐☐☐

Reservations can be made by filling out an online form.

278 ☐☐☐

I placed an order for a set of silverware yesterday.

279 ☐☐☐

We have been experiencing delays due to bad weather.

277
解説 make reservationsのreservationsを主語とした受動態になっている。

オンラインフォームにご記入いただくことで、予約をすることができます。

278
解説 orderだけでも同じことを伝えられる。place an online order（オンライン注文をする）もよく使われる。

私は昨日、銀製食器のセットを注文しました。

279
解説 発送や交通機関の遅延は頻出する。動詞delayを用いてbe delayed（遅れている）という表現も頻出。

悪天候のために遅延が生じております。

■ 重要コロケーション⑩　　　　　　　　　　　　　　　Track 48

280

We would like to call your attention to our new line of products.

281

To draw more customers, I would like to launch a promotional campaign.

282

John West's new novel has received overwhelmingly positive reviews.

---

280 解説　何かをアピールするときに使われる表現。

私どもは、当社の新製品を皆様にご紹介したいと思います。

281 解説　似たような表現に、attract more customers（もっと多くの顧客を引きつける）がある。また、draw more tourists（もっと多くの観光客を呼び込む）という表現もある。

さらに多くの顧客を呼び寄せるために、販売促進キャンペーンを始めたいと思います。

282 解説　receive...reviewsで、「〜という評価を得る」という意味になる。なお、overwhelminglyは「圧倒的な」という意味。映画や本、製品の評価などに使われる。なお、書評や製品評価の文書は頻出する。

John Westの新しい小説は、大好評を博しています。

■ 重要コロケーション⑪　　　　　　　　　　　　　　　　　　Track 49

283

Our service can be customized to meet your needs.

284

I am sorry to inform you that we are not able to accommodate your request.

285

We will do the best we can to suit your needs.

283
解説 meetを使うコロケーションには、meet the requirements（必要条件を満たす）やmeet the demands（需要に応える）などがある。

当社のサービスは、お客様のご要望に合うようにカスタマイズすることができます。

284
解説 accommodateには「収容する」のほかに、「対応する」という意味もあり、accommodate your needs（ニーズに応える）という使い方もできる。

申し訳ありませんが、私どもはお客様のご要望に応じることはできないとお伝えいたします。

285
解説 suitは283のmeetと同じ意味。

私どもは、お客様のご要望に沿うことができるよう最善の努力をいたします。

■ 重要コロケーション⑫　　　Track 49

286 □□□

Most users agree that the TS200 digital camera lives up to its reputation.

287 □□□

Online shopping has been introduced to meet consumer demand.

288 □□□

Besten Bank changed its service policy and restored customer satisfaction.

---

286 解説　live up to...で「～に沿う、応える」という意味で、live up to our expectations（期待に応える）という使い方もある。

ほとんどのユーザーは、TS200デジタルカメラがその評判どおりだということで意見が一致しています。

287 解説　需要に応えるのはビジネスの基本であるため、このフレーズは頻出する。

オンラインショッピングが、消費者の要望に応じるために導入されました。

288 解説　restoreは、restore the bridge（橋を修復する）のようにrepairの同義語としても使われる。なお、名詞はrestoration。

Besten Bankはサービス方針を変更し、顧客満足度を回復させました。

■ 重要コロケーション⑬　　　　　　　　　　　　　　　　　Track 50

289

To accommodate growing demand, we need to improve productivity.

290

The factory will resume operation as soon as the inspection has been completed.

291

We will bring in new equipment to enhance work efficiency.

---

289 解説：improveの対象となる語としては、productivityのほかに、quality（質）やefficiency（効率）などもある。

拡大する需要に対応するために、私たちは生産性を向上させる必要があります。

290 解説：点検や修復で停止したことなどを再開する際に使われる。

その工場は、点検作業が終わり次第、操業を再開することになっています。

291 解説：enhanceはimproveの同義語。

私たちは、作業効率を高めるために新しい設備を導入する予定です。

■ 重要コロケーション⑭　　　　　　　　　　　　Track 50

292 ☐☐☐

Please make the final payment by the due date.

293 ☐☐☐

The development team succeeded in reducing expenses by almost a third over a one-year period.

294 ☐☐☐

We offer services which can generate revenue for your organization.

292　解説：全額の支払いについて述べている。なお、内金／前金をdepositといい、make a deposit（前金を払う）の形で頻出する。

期日までに最終支払いを済ませるようお願いいたします。

293　解説：費用に関する内容も頻出する。travel expensesといえば、出張費または旅費を指す。

開発チームは、1年間でほぼ3分の1も費用を削減することに成功しました。

294　解説：generateは、「生み出す」という意味。revenue（歳入、収益）は会社にとっての収入で、incomeの同義語。

当社は、あなたの組織が収益を上げるためのサービスを提供しています。

■ 重要コロケーション⑮ Track 51

295 □□□

Over the years I have acquired expertise in Web-related technologies.

296 □□□

Team members are required to take the lead role in turn.

297 □□□

We provide opportunities to advance your career.

解説 295
acquire（習得する）は、スキルや専門技術によく使われる。expertが持つ知識や技術をexpertiseという。

私は長年かけてウェブに関連するテクノロジーの専門技術を身につけました。

解説 296
似た表現に、play an important role（重要な役割を担う）もある。

チームのメンバーは、順番に指導的役割を果たすように求められています。

解説 297
求人広告で見られる表現。advance your careerはキャリアアップのこと。

当社は、あなたがキャリアを積む機会を提供いたします。

重要コロケーション⑯　　　　　　　　　　Track 51

298

Considering her expertise and performance, Patricia deserves the promotion.

299

The president of Interplace Advertising recognizes employees in his annual speech.

300

The CEO has decided to give awards to those who have contributed to the company's growth.

---

298 解説
deserveは「〜に値する」という意味で、deserve the award（賞に値する）やdeserve the pay raise（昇給に値する）などでも使われる。

Patriciaの専門知識と成績を考慮すると、彼女は昇進に値します。

299 解説
awards ceremony（授賞式）で行うことがrecognize employeesである。

Interplace Advertisingの社長は、毎年恒例のスピーチで社員を表彰しています。

300 解説
賞をもらう場合は、receive awardsという。

CEOは、会社の成長に貢献した社員に賞を贈ることを決めました。

■ 重要コロケーション⑰　　　Track 52

301
I am sorry that we were not able to accept your offer.

302
You must obtain permission before using any of the photographs on the list.

303
The board is expected to give its approval regarding the proposal for restructuring.

---

301 解説
「オファーを出す」「オファーを受ける」といった表現は頻出する。なお、拒否する場合はreject your offerやturn down your offerという。

私どもが御社のご提案を受け入れらなかったことは残念に思います。

302 解説
何かを行うために許可が必要な場合、この表現が使われる。obtainはgetの同義語。

リストに記載されたいかなる写真を使用するにも、事前に許可を得なくてはなりません。

303 解説
取締役会などの上層部の承認に関するトピックはよく出る。approvalの動詞はapprove（承認する）で、approve the proposal（提案を承認する）のように使われる。

取締役会はリストラ案の承認を行うと見込まれています。

■ 重要コロケーション⑱　　　　　　　　　　　　　　Track 52

304 ☐☐☐

Upon arrival, please present a photo identification at the front desk.

305 ☐☐☐

Please show your certificate to the interviewers at the interview session.

306 ☐☐☐

Employees must wear their identification badge on the premises at all times.

304
解説　photo identificationには、driver's license（運転免許証）やpassport（パスポート）などがある。

到着されましたら、受付にて写真付きの身分証明書をご提示ください。

305
解説　TOEICのスコアシートや英検の合格証明書もcertificateといえる。

面接時には、面接官に証明書を見せてください。

306
解説　社員向けの連絡文書（memo）でよくある内容。なお、on the premises（構内で）も頻出表現。

従業員は、敷地内にいるときはいつでも身分証を身につけていなくてはなりません。

■ 重要コロケーション⑲　　　Track 53

307 □□□

Our engineers will solve the problem quickly.

308 □□□

We are still struggling to identify the problem.

309 □□□

Please correct the error before you send the article to the printing company.

---

307 解説　solve（解決する）の名詞形はsolution。solution to the problem（問題の解決）のように用いる。

当社のエンジニアはすぐにその問題を解決いたします。

308 解説　原因を特定する場合は、identify the causeとなる。

私どもは、その問題を特定するために今もなお取り組んでおります。

309 解説　訂正することを名詞correctionを使って、make correctionsとも表現できる。

印刷所に記事を送る前に、誤りを訂正してください。

■ 重要コロケーション⑳　　　　　　　　　　　　　　Track 53

310 □□□

I am writing to express our gratitude to you and your staff for your hospitality.

311 □□□

Ms. Jackson expressed concern about the security of our Web site.

312 □□□

Property owners are required to address the concerns of apartment residents.

---

310 解説
expressは「表現する」という意味で、感謝を表すことをexpress our appreciationとも言える。

あなたとあなたのスタッフによるおもてなしに感謝の意を表したく、お手紙（メール）を書いております。

311 解説
concernには「懸念」のほか「関心事」という意味もあり、どちらの意味になるかは文脈で判断する。express interest（興味を伝える）という表現も覚えておこう。

Jacksonさんは、当社のウェブサイトの安全性に対する懸念を表明しました。

312 解説
addressには「対応する」という意味があり、ほかにhandle the concernsやdeal with the concernsという言い方もできる。

不動産所有者は、アパートの住人の心配に対処する必要があります。

■ よく出るフレーズ①　　　　　　　　　　　　　　　　　　Track 54

313

According to company spokesperson Alexander Bailey, the new investment will accelerate the company's global expansion plans.

314

Please refer to the online instruction manual for more details.

315

Our revenue this year is equal to that of last year.

313
解説　According toの後ろには情報源が続く。

会社の広報担当Alexander Baileyによれば、新しい投資は会社の広範囲にわたる拡張計画を促進させることになるということです。

314
解説　説明書や地図など、何かを参照させる際に使われる表現。

詳細につきましては、オンラインの取扱説明書を参照してください。

315
解説　同等であることを伝える際に使われる。後ろに続くthat of last yearのthatは、revenueのこと。

当社の今年の収益は、昨年と同じです。

■ よく出るフレーズ②　　Track 54

316

In addition to some talk events, book signing will take place at several booths.

317

Prior to my current job as a journalist, I worked as an editor at a publishing company.

318

Ahead of the workshop, all participants will be given assignments.

316
解説 情報を追加するときに使う表現。オファーに関する情報に使われることも多い。

いくつかのトークイベントに加え、本のサイン会がいくつかのブースで行われる予定です。

317
解説 前後関係を伝える際に使われる。Prior to... はBefore... の同義語。

ジャーナリストである現在の職業の前には、私は出版社で編集者として働いていました。

318
解説 Ahead of... は、時間的に前であることを示す。

ワークショップに先だって、すべての参加者には課題が与えられることになっています。

■ よく出るフレーズ③　　　　　　　　　　　　　　　　　Track 55

319

To begin with, you will be asked to answer a list of questions.

320

As a matter of fact, Joseph handled all of the customer inquiries by himself.

321

Just to clarify, early check-in service is available only for members.

---

319 解説：順序を表す表現。First of all（まず初めに）で置き換えることも可能。

まず、あなたは一連の質問に答えるよう求められるでしょう。

320 解説：実際の出来事を伝える際の前置きで使われる表現。

実際は、Josephが顧客からの問い合わせにすべて1人で対応していました。

321 解説：すでに伝えてあることを、さらに明確にする際の表現。clarifyはclearにすることを意味する。

ご確認させていただきますが、時間前のチェックインサービスは、メンバーの方のみご利用いただけます。

■ よく出るフレーズ④　　　　　　　　　　　　　　　　Track 55

322 ☐☐☐

I have updated my personal information in my account as required.

323 ☐☐☐

We are sending you our latest brochure, as you requested.

324 ☐☐☐

I will check the invoice, and contact you if necessary.

322
解説　as ＋過去分詞は決まり文句として、as discussed（話し合われたように）、as mentioned（述べられたように）、as scheduled（予定されたとおり）などがある。

ご要望どおり、私は自分のアカウントの個人情報を更新しました。

323
解説　asの後ろに主語＋動詞が続くもので、322と同様に「〜のとおりに」という意味。

ご要望どおり、当社の最新カタログをお送りいたします。

324
解説　if ＋形容詞の使い方。if it is necessaryのit isが省略されている。ほかに、if possible（可能であれば）などがある。

私は請求書を確認し、必要があればあなたにご連絡いたします。

■ よく出るフレーズ⑤　　　　　　　　　　　　Track 56

325 ☐☐☐ 🇺🇸

If you would like to visit our facility, please make arrangements in advance.

326 ☐☐☐ 🇬🇧

A large number of travel tours have been developed in time for the holiday season.

327 ☐☐☐ 🇺🇸

As of June 1, Cort Bridge will be closed to traffic due to renovation work.

---

325 解説　応募や登録、変更などの連絡に対してin advance（事前に）は頻出。どのくらい前かを表すには、a week in advanceのように直前に時期をつける。

私どもの施設にお越しになりたい場合は、事前に手続きをしてください。

326 解説　商品の販売時期や計画の実行の時期などをイベントに合わせるような場合に使われる。

非常に多くのツアー旅行が、休暇シーズンに間に合うように企画されています。

327 解説　通行止めや規則の制定など、「いつから」を表す際にAs of...がよく使われる。

6月1日をもちまして、Cort Bridgeは修復工事のために通行止めになります。

■ よく出るフレーズ⑥　　　　　　　　　　　Track 56

328

Please note that seats are provided on a first-come, first-served basis.

329

The order I placed last week did not arrive on time.

330

We need to take action in a timely manner.

---

328 解説　「最初に来た人が、最初にもらえる」という言い方で、先着順を表す。なお、on a...basisという表現は重要で、on a daily[weekly] basisといえば、「毎日［毎週］」を意味する。

座席は先着順で提供されることにご注意ください。

329 解説　on time（予定通りに）は配達の到着などでよく使われる。

私が先週注文した商品は、予定通りに届きませんでした。

330 解説　in a timely mannerは、「必要なときにすぐ」という意味で、行動に対して使われることが多い。

私たちは、時機を逃さずに行動をとる必要があります。

■ よく出るフレーズ⑦　　　Track 57

331 ☐☐☐

Sales representatives are expected to treat customers in a courteous manner.

332 ☐☐☐

Please read the attached document and check the conference schedule in detail.

333 ☐☐☐

Files are sorted in alphabetical order by company name.

---

331 解説　courteousは「礼儀正しく、丁寧な」という意味で、サービス関係に使われる。

営業担当者は、顧客に礼儀正しく接することを求められています。

332 解説　説明などについて、「詳細に」という意味で使われる。

添付した文書を読んで、会議日程の詳細を確認してください。

333 解説　この場合のorderは「順番」の意味。番号順をnumerical orderという。

ファイルは、会社の名前でアルファベット順に並べられています。

■ よく出るフレーズ⑧　　　　　　　　　　　　　　Track 57

334

Applicants must have extensive experience relevant to the position.

335

Please inform us by the end of the month as to whether you will renew the contract.

336

The factory tour will take place regardless of the weather.

---

334 解説：経験や知識など、関連を表す際に使われる。

志願者は、その職に関連した幅広い経験を持っていなければなりません。

335 解説：as to... は、aboutの同義語。

あなたが契約を更新するかどうかについて、今月末までにお知らせください。

336 解説：特に条件がないことを伝えるときに使われ、ほかにregardless of age（年齢に関係なく）などの表現もある。

工場の見学ツアーは、天候にかかわらず開催されます。

■ よく出るフレーズ⑨　　　　　　　　　　　　　Track 58

337

The next meter reading is scheduled for November 7 instead of November 8.

338

Listed prices include flights and accommodation, as well as meals.

339

You can make your own promotional materials, such as memo pads, T-shirts, and mugs.

---

337 解説
instead of以降は元々の予定が入ることが多く、その前に変更後の予定が述べられる。

次回のメーター計測は、11月8日の代わりに11月7日に予定されています。

338 解説
as well as...は「～と同様に」という意味で、andの同義語である。

記載されている価格には、航空便、宿泊、および食事の料金が含まれています。

339 解説
大まかな情報（promotional materials）に続いて、such asの後に具体的な情報を示している。

メモ帳やTシャツ、マグカップなど、独自の宣伝用グッズを作ることができます。

■ よく出るフレーズ⑩　　　　　　　　　　　　　　Track 58

340 ☐☐☐

I am sorry to reschedule our meeting on such short notice.

341 ☐☐☐

On average, automobile sales have increased 10 percent in Asia over the past three quarters.

342 ☐☐☐

The plan must be finalized by next Monday at the latest.

---

340 解説　「直前になってのお知らせ」をshort noticeという。

直前になって打ち合わせの日時を変更して申し訳ありません。

341 解説　平均した場合の内容を伝える際に使われる表現。

平均すると、自動車の販売台数は過去の3四半期にアジアで10パーセント増加しました。

342 解説　締切を強調する表現としてよく使われる。

その計画は遅くとも次の月曜日までに最終決定されなくてはなりません。

よく出るフレーズ⑪　　　　　　　　　　　Track 59

343

Work efficiency is evaluated on a weekly basis.

344

Employees are advised to avoid driving to work during peak hours.

345

Please send me your latest brochure at your earliest convenience.

343
解説：on a yearly/monthly/daily basis（年に／月に／日に1回）も覚えておこう。

作業効率は、週に1度、査定されます。

344
解説：時間帯を指定する場合は、between 8:00 A.M. and 9:00 A.M. のように表す。

社員は、交通のピーク時に車で通勤するのを控えるようにしてください。

345
解説：「都合のよい中でいちばん早く」という条件を指定する際の表現。

御社の最新カタログをなるべく早く私にお送りください。

■ よく出るフレーズ⑫　　　　　　　　　　　　　　　Track 59

346 ☐☐☐

Members can enter the National Museum of Art at no charge.

347 ☐☐☐

Until September 30, you can upgrade your software at no extra cost.

348 ☐☐☐

Members can obtain an admission ticket for free.

346
解説　「無料で」を表す表現は頻出するため、覚えてしまうことが大切。

会員は、National Museum of Artへ無料で入館できます。

347
解説　若干お金がかかる場合は、at nominal cost（わずかな金額で）が使われる。

9月30日まで無料でソフトウェアのアップデートが行えます。

348
解説　free of charge（無料で）という表現も重要。

会員は、入場チケットが無料で手に入ります。

■ よく出るフレーズ⑬　　　　　　　　　　　Track 60

349 □□□

The special exhibit is open to the public during the month of March.

350 □□□

The park is closed to the public on Mondays.

351 □□□

Springfield Bridge has been under construction for the past two weeks.

---

349 解説：the publicは「一般人」のこと。

その特別展は、3月いっぱい一般に公開されています。

350 解説：be open to the publicの逆で、道路の通行止めや建物の改修工事などで使われる。

その公園は、毎週月曜日に一般の利用が禁止されています。

351 解説：このような表現の後には、建設や改装工事に伴う影響が伝えられることが多い。

Springfield Bridgeは過去2週間にわたって工事が続けられています。

■ よく出るフレーズ⑭　　　　　　　　　　　　　　　Track 60

352 □□□

Our headquarters are located in Tokyo.

353 □□□

Our headquarters are adjacent to the National Convention Center.

354 □□□

Grand Nikes Hotel is located in the heart of the business district.

352
解説　場所を伝える際の表現。be conveniently located（便利な場所にある）という表現も重要。

当社の本部は東京に置かれています。

353
解説　adjacent to...は、next to...（～の隣に）の同義語。

当社の本部は、National Convention Centerと隣接したところにあります。

354
解説　in the heart of...で、中心地であることを示す。なお、郊外の場合は、on the outskirts of...が使われる。

Grand Nikes Hotelは、ビジネス街の中心部に位置しています。

■ よく出るフレーズ⑮　　　　　　　　　　　　　　　　　Track 61

355 □□□

A large shopping center is within walking distance.

356 □□□

Most of our hotels are located in close proximity to the sea.

357 □□□

Parking is allowed only in designated areas.

---

355 解説　「徒歩圏内」は、不動産に関する文書で頻出する。ほかに、five-minute walk from the station（駅から徒歩5分）という表現も覚えておきたい。

大型のショッピングセンターが、徒歩圏内にあります。

356 解説　proximityは「近接」という意味。in close proximity to...は、nearを難しくした言い方。

当社のホテルのほとんどが海のすぐ近くにあります。

357 解説　駐車や飲食など、指定された場所のみ可であることを伝えることはよくある。

駐車は、指定の場所にだけ認められています。

■ よく出るフレーズ⑯　　　　　　　　　　　　Track 61

358 ☐☐☐

Upon arrival, please proceed to the registration desk.

359 ☐☐☐

We are scheduled to leave for Sydney on May 18.

360 ☐☐☐

A shuttle bus departs from the hotel every fifteen minutes.

358
解説　Upon...で、「〜のときに」という意味。ほかに、upon request（リクエストがあったときに）も使われる。

到着されたら、登録カウンターへお越しください。

359
解説　出張や旅行などで使われる。なお、出発地を入れる場合にはleave from Tokyo（東京を出発する）のように使う。

5月18日にシドニーに向けて出発する予定となっています。

360
解説　「到着する」はarrive at the hotel（ホテルに到着する）のように使う。

シャトルバスは、15分おきにホテルから出発します。

■ よく出るフレーズ⑰　　　　　　　　　　　　　　　Track 62

361 □□□

Members can download up to five songs for free.

362 □□□

Registration must be completed no later than July 20.

363 □□□

Carry-on luggage is limited to one item per person.

361　解説：割引率や人数など、「最大で」という場合に、up to...が使われる。

会員は、5曲まで無料でダウンロードできます。

362　解説：締切を伝える表現。no later than...の代わりに、by...やbefore...も使われる。

登録は、7月20日までに終えなければなりません。

363　解説：制限を伝えるときにbe limited to...が使われる。per person（1人につき）も重要。

機内持ち込み手荷物は、1人につき1つに制限されています。

■ よく出るフレーズ⑱　　　　　　　　　　　　　　　Track 62

364 ☐☐☐

Using your account ID, you can also log onto our Web site.

365 ☐☐☐

Only a limited number of people in personnel have access to employee records.

366 ☐☐☐

You can connect to the Internet during your stay.

---

364 解説　log onto your account（アカウントにログインする）も頻出する。

あなたのIDを使えば、当社のウェブサイトにもログインすることができます。

365 解説　データなどにアクセスできることを、have access to...という。

人事部の限られた数の人だけが、従業員記録へのアクセス権があります。

366 解説　connectの逆はdisconnect（切断する）といい、be disconnected（切断される）という問題が提示されることもある。

お客様は、ご宿泊中インターネットにアクセスすることができます。

■ よく出るフレーズ⑲　　　　　　　　　　　　　　　Track 63

367

My personal computer is still under warranty.

368

The voucher is valid for two months from the day of issue.

369

This coupon is good for a week starting today.

---

367 warranty（保証）は重要語。underには「〜の最中、期間中」という意味があり、under construction（工事中）やunder consideration（検討中）という表現も頻出。

私のパソコンはまだ保証期間中です。

368 validで有効期間内であることを表す。なお、無効であることはinvalidという。

その引換券は、発行日から2カ月の間有効です。

369 couponやvoucher（割引券）に対して使われるgoodは、368のvalidと同じ意味である。

この割引券は、本日から1週間有効です。

■ よく出るフレーズ⑳　　　　　　　　　　　　　　　　Track 63

370

We are eager to receive your feedback about our Web site and other services.

371

The new strategies are designed to attract more potential customers.

372

I am willing to take on the assignment.

370
解説　be eager to... は、want to... の同義語。

当社は、当社ウェブサイトやそのほかのサービスにつきまして、お客様の感想をぜひお寄せいただきたいと考えております。

371
解説　be designed to... で、「～することを意図している」という意味になる。

新しい戦略は、さらに多くの潜在顧客を呼び寄せることを意図しています。

372
解説　be willing to... は、進んで行う気持ちがあることを表す。

喜んでその仕事をお引き受けします。

■ よく出るフレーズ㉑　　　　　　　　　　　　　　Track 64

373 □□□

Full-time employees are entitled to flexible working hours.

374 □□□

You are eligible to participate in the upcoming management seminar.

375 □□□

The sales director is responsible for supervising sales teams.

---

373 解説　諸手当に関する記述でよく使われる。ほかに、annual leave（年次休暇）などについても使われる。

正社員はフレックスタイムの資格があります。

374 解説　373と同様に資格があることに対して使われる。be eligible to ＋動詞、またはbe eligible for ＋名詞となる。

あなたは、次回の経営セミナーに参加する資格があります。

375 解説　何に責任があるかを伝えている。forの後ろは、動名詞または名詞が入る。

営業部長は、営業チームを監督する責任があります。

■ よく出るフレーズ㉒　　　　　　　　　　　　　Track 64

376 □□□

Courtney Lee is in charge of the marketing department.

377 □□□

Admission to the training course will be granted to certified flight attendants.

378 □□□

Managers are obliged to train new staff members before sending them to stores.

376
解説　責任者であることを表す言い方。なお、person in charge（責任者）という言い方もある。

Courtney Leeは、マーケティング部の責任者です。

377
解説　grantはgiveの同義語。

認定資格のある客室乗務員には、研修コースの受講許可が与えられます。

378
解説　be obliged to...で、「〜する義務がある」を意味する。be required to...（〜する必要がある）で書き換えることもできる。

マネージャーは、新しいスタッフを店舗に派遣する前に教育する義務があります。

■ よく出るフレーズ㉓　　　　　　　　　　　　　　Track 65

379 □□□

To use our business facilities, guests must be accompanied by a member.

380 □□□

Additional tasks will be assigned to each group member.

381 □□□

Anthony Jackson was appointed to direct the sales team.

379
解説　一緒に行くことをaccompanyという。会員や関係者のみ入れる場所への入場に関する注意書きにある表現。

当ビジネス施設を利用される場合、訪問客にはメンバーが同伴する必要があります。

380
解説　仕事に関してassign（割り当てる）は重要語。なお、名詞assignment（割り当てられた仕事、任務）も頻出する。

各グループのメンバーに、追加の仕事が割り当てられます。

381
解説　CEOやマネジャーなどの任命は頻出。be appointed as the sales director（営業部長として任命される）という表現もある。

Anthony Jacksonは、営業チームを指揮するよう任命されました。

■ よく出るフレーズ㉔　　　Track 65

382 □□□

If you decide to cancel the reservation, please notify us in writing.

383 □□□

To learn more about job applicants, we conduct interviews in person.

384 □□□

Drop by our office at any time.

382
解説：書面で通知することを示す際に、in writing が使われる。

予約をキャンセルされることにした場合は、書面でお知らせください。

383
解説：直接会うことを in person という。メールなどでなく、直接事務所で申し込む場合も in person が使われる。

求職者についてより詳しいことを知るために、私たちは直接会って面接をします。

384
解説：drop by のほか、stop by our office とも言える。

いつでも私どものオフィスにお立ち寄りください。

■ よく出るフレーズ㉕　　　　　　　　　　　Track 66

385

Ark Technologies is known for the high quality of its household appliances.

386

The mayor is proud to announce the opening of the new public municipal library.

387

We pride ourselves on our experienced staff and courteous service.

---

385 解説　be well known for... (〜でよく知られている)という表現も重要。

Ark Technologies 社は、高い品質の家電製品でその名を知られています。

386 解説　満を持して発表する場面でよく使われる表現。

市長は、新しい市立図書館の設立を発表できることを誇りに思っています。

387 解説　386と似た表現で能動態を使う場合、prideの目的語が主語に合わせた再帰代名詞（ourselves、themselvesなど）になることが多い。

当社は、経験豊富なスタッフと丁寧なサービスを自負しております。

■ よく出るフレーズ㉖　　　　　　　　　　　Track 66

388

Landquest Corporation specializes in the production of state-of-the-art heavy machinery.

389

Phoenix Institute of Technology helps people acquire expertise in various fields.

390

GST Software focuses on developing educational software.

---

388 解説
専門について書かれる場合は、specialize in +専門内容となる。

Landquest Corporationは、最新型の重機の製造を専門にしています。

389 解説
expertiseは、エキスパートが持つ知識や技術のこと。内容はinの後ろに続く。

Phoenix Institute of Technologyは、さまざまな分野での専門知識を獲得するお手伝いをしています。

390 解説
重点を置く内容がon以降に続く。

GSTソフトウェアは、教育用ソフトウェアの開発に重点を置いています。

■ よく出るフレーズ㉗　　　　　　　　　　　　　　　Track 67

391

John Richardson is dedicated to maintaining and updating the company Web site.

392

Most of the participants in the seminar are engaged in market research.

393

We are committed to providing the highest standard of quality and service.

---

391 解説　力を入れて取り組んでいる内容について使われる。be dedicated to...のtoは前置詞のため、後ろには動名詞または名詞が続く。

John Richardsonは、会社のウェブサイトの保守と更新に専念しています。

392 解説　関わっている仕事について述べる際に、be engaged in...のほか、be involved in/with...も使われる。

そのセミナーの参加者のほとんどは、市場調査に関わっています。

393 解説　391と同様に、力を入れていることについての表現。toは前置詞のため、後ろには動名詞または名詞が続く。

当社は、最高レベルの品質とサービスを提供することに全力で取り組んでいます。

■ よく出るフレーズ㉘ Track 67

394

In cooperation with a well-known neuroscientist, Paul McDonald has published a book on brain training.

395

Axis Business Associates hosted a job fair in collaboration with the local government.

396

Winds Computers Corp. has agreed to team up with educational organizations to create efficient learning systems.

394
解説: co- は「一緒」という意味の接頭辞。「一緒に operation を行う」という意味で、協力を意味する。

ある高名な神経科学者と協力して、Paul McDonaldは脳のトレーニングについての本を出版しました。

395
解説: 394のin cooperation with... と置き換えることもできる。

Axis Business Associatesは、地方自治体と協力して就職フェアを開催しました。

396
解説: team upで「提携する」という意味になる。

Winds Computers社は、効率的な学習システムを開発するために、いくつかの教育団体と提携することに合意しました。

よく出るフレーズ㉙　　　Track 68

397

More than fifty people have been involved with the recently launched project.

398

The topic of your speech must be related to your business.

399

Your e-mail address is associated with your online banking account.

397
解説 仕事などに関わっていることを伝える表現。

50人以上が最近始まったプロジェクトに関わっています。

398
解説 関係を持っていることについて述べる際に用いられる。

あなたのスピーチのテーマは、あなたの仕事と関連していなくてはなりません。

399
解説 主語とwith以降のものが関連づいていることを伝える際に使われる表現。

あなたのメールアドレスは、オンラインの銀行口座と関連づけられています。

■ よく出るフレーズ㉚　　　　　　　　　　Track 68

400 ☐☐☐

Employee evaluation must be conducted in accordance with the guidelines.

401 ☐☐☐

Our factory operations must be in compliance with the company regulations.

402 ☐☐☐

The employee contract must comply with company policy.

解説 400
in accordance with...（〜に則って、従って）の後ろにはルール関係の単語が続くことが多い。

社員の評価は、ガイドラインに則って行われなくてはなりません。

解説 401
400と同様にルール関係の単語が後ろに続く。多いのが、guidelinesとregulationsのほか、law（法律）、standards（基準）、policy（方針）など。

当工場の操業は、会社の規定に従わなければなりません。

解説 402
complianceの動詞がcomplyである。

雇用契約は、会社の規定に従う必要があります。

■ よく出るフレーズ㉛　　　　　　　　　　　　　　　Track 69

403

All new employees are required to attend the three-day orientation at the headquarters.

404

Employees are expected to dress appropriately and professionally.

405

All new employees are encouraged to attend the awards ceremony.

---

403 解説　「しなくてはならないこと」に対して使われ、mustと同様の意味。ビジネス文書に頻繁に登場する。

すべての新入社員は、本部での3日間のオリエンテーションに出席する必要があります。

404 解説　expectは「予想する、期待する」という意味もあるが、be expected to...で、求められていることを伝えることもある。

社員は、適切で職業上ふさわしい服装をすることを求められています。

405 解説　be encouraged to...は、奨励していることを伝える際に使われる。必須というわけではない点が重要。

すべての新入社員は、その授賞式に出席するようお願いします。

■ よく出るフレーズ㉜　　　　　　　　　　　　Track 69

406

The listed programs are subject to change without prior notice.

407

The following rules apply to full-time employees.

408

The salary will be commensurate with your experience and performance.

---

406 解説
イベントのプログラムなど、予定に関するものにつきものの表現。toは前置詞のため、後ろには名詞が続く。なお、changeは名詞と動詞が同じ形なので注意が必要。

掲載されているプログラムは、予告なく変更される場合があります。

407 解説
apply to...で「〜に適用される」となる。ルールや条件が適用される場合に使われる。形容詞を用いたbe applicable to...（〜に適用できる）も重要。

次の規則は、常勤のスタッフに適用されます。

408 解説
求人広告において、給料に関する説明によくある表現。後ろに「経験」が続いていることからも推測しやすいが、覚えておきたい表現。

給料は、あなたの経歴と実績に見合ったものとなるでしょう。

■ よく出るフレーズ㉝　　　　Track 70

409 □□□

During the busy season, staff will be compensated for working overtime.

410 □□□

Employees are reimbursed for travel expenses within two weeks of their business trips.

411 □□□

We will give you an additional 10 percent discount to make up for the shipping delay.

---

409 解説
compensateは「補償する」という意味だが、仕事関係で使われると、お金が支払われることを意味する。なお、求人広告で名詞のcompensationが使われていれば、給料のこと。

繁忙期には、スタッフは残業代を支払われることになっています。

410 解説
出張費などの精算に関する内容はよく出る。get reimbursed（払い戻しを受ける）も重要表現。

従業員は、出張の2週間以内に出張費が払い戻されます。

411 解説
遅延に対しては、将来の割引や送料を無料にするなどで対応することが多い。

発送の遅延のおわびとしまして、お客様にはさらに10パーセント割引させていただきます。

■ よく出るフレーズ㉞　　　　　　　　　　　　　　　Track 70

412

Because of her outstanding achievement over the years, Janet Anderson has been promoted to the position of media director.

413

Martin Freeman has been nominated for the Employee Award.

414

Survey respondents will be rewarded with a gift certificate.

412

解説 昇進や人事関係の文書の場合、その人物の経歴や業績についても一緒に書かれることが多い。

長年にわたる素晴らしい業績のおかげで、Janet Andersonはメディアディレクターのポストに昇進しました。

413

解説 授賞式など社員が関係するイベントは多い。「誰かをノミネートしてほしい」という依頼文も文書内に出ることがある。

Martin Freemanは、Employee Awardにノミネートされました。

414

解説 rewardは「報酬を与える」という意味で、このように受動態で使われることも多い。with以降に続くのが報酬としてもらえるモノなど。

調査の回答者には、ギフト券が謝礼として贈られます。

■ よく出るフレーズ㉟　　　　　　　　　　　　　　　　　Track 71

415 ☐☐☐

Lack of preparation may end up prolonging the project's completion time.

416 ☐☐☐

A business novel, *The Profitability*, turned out to be one of the best sellers of the year.

417 ☐☐☐

Changing the advertisement resulted in a sales increase.

415
解説 最終的な結果を示す表現で、end up + 名詞／動名詞となる。

準備不足によって、そのプロジェクトの完了時期が長引くという結果がもたらされるかもしれません。

416
解説 end upの同義語で、最後にどうなったか、またどのように判明したかを伝える表現。turn out that 主語＋動詞という構造もある。

ビジネス小説*The Profitability*は、その年のベストセラーの1冊となりました。

417
解説 主語で示されている事柄が、どのような結果につながったかを伝える表現。

広告の変更は、売り上げの増加をもたらしました。

■ よく出るフレーズ㊱　　　　　　　　　　Track 71

418 ☐☐☐

The new regulations will take effect on December 1.

419 ☐☐☐

The Annual Agricultural Convention will take place from August 20 through 24.

420 ☐☐☐

The work is scheduled to begin at 9 A.M., and it should be completed by noon.

418
解説　take effectで「発効する、実施される」という意味。後ろには、新しいルールが始まる日付が来ることが多い。

その新しい規則は12月1日に有効となります。

419
解説　イベントや会議などが「開催される」という意味で使われる。

農業生産者年次総会は、8月20日から24日まで開催されます。

420
解説　予定を伝える表現。be scheduled for Friday（金曜日に予定されている）のようにも使われる。

その作業は午前9時に始まる予定で、正午までには終わるはずです。

■ よく出るフレーズ㊲　　　　　　　　　　Track 72

421 ☐☐☐

The work is expected to last for two weeks.

422 ☐☐☐

Even in this economic recession, Claris Steel Ltd. remains competitive.

423 ☐☐☐

Green Pride Systems has been awarded the Best Technology Prize for three consecutive years.

---

421 解説
lastは動詞で「続く」という意味になり、作業やセールなどが続く期間を表すことができる。last for two weeksのほか、last until July 1（7月1日まで続く）という使い方もある。

その作業は、2週間続くと見込まれます。

422 解説
remainはkeepと同じく、維持していることを表す。競争力のほか、remain open（店などが開いている）という表現もよく出る。

このような景気低迷であっても、Claris Steel社は競争力を保っています。

423 解説
consecutiveは「連続した」という意味。three straight yearsという言い方もある。

Green Pride Systemsは、3年連続でBest Technology賞を受賞しました。

■ よく出るフレーズ㊳　　　　　　　　　　　　　　　Track 72

424 ☐☐☐

The main street is closed to traffic while repair work is in progress.

425 ☐☐☐

Wings Catering has been in operation for more than four decades.

426 ☐☐☐

Employees are required to wear an identification badge while on duty.

---

424 解説　in progressで、「進行中で」という意味。似ている表現にongoing project（進行中のプロジェクト）というのもある。

大通りは補修工事が行われる間、閉鎖されます。

425 解説　広告では、会社の営業年数を伝えることが多い。in businessという言い方もできる。

Wings Cateringは、これまで40年以上にもわたって営業を続けてきました。

426 解説　whileの後に主語＋動詞（they are）が省略されている。省略した形で使われることが多いため、このまま覚えておきたい。なお、勤務時間外をoff dutyという。

社員は、勤務中に身分証を身につけている必要があります。

■ よく出るフレーズ㊴　　　　　　　　　　　　　　　　　Track 73

427 ☐☐☐

The terms and conditions of accommodation are listed in the brochure.

428 ☐☐☐

Qualifications for the sales position are as follows.

429 ☐☐☐

Schedule changes will be posted in the lobby.

---

427 解説　リスト化されていることを伝える場合、be listed in... がよく使われる。

宿泊施設の諸条件は、パンフレットに記載されています。

428 解説　as followsに続いて、営業職の資格条件が書かれていると予測できる。

営業職の採用資格は以下の通りです。

429 解説　何かをウェブサイト上に乗せることをbe posted on the Web siteという。

スケジュールの変更がロビーに掲示されます。

■ よく出るフレーズ㊵　　　　　　　　　　　　　　　　　Track 73

430 □□□

I am pleased to announce that the new product will be on the market soon.

431 □□□

Energy-efficient products are in high demand.

432 □□□

Packard Pharmaceuticals is struggling to compete with larger businesses in the market.

430
解説：販売されている状態をon the marketという。

新製品が間もなく市場に出ることを発表させていただきます。

431
解説：in demandで需要があるという意味。高い需要という意味では、in strong demandという表現もある。

エネルギー効率のよい製品には、高い需要があります。

432
解説：「〜と競争する、張り合う」は、compete with+〈相手〉を用いる。

Packard Pharmaceuticals社は、その市場でより規模の大きな同業者と張り合おうと必死になっています。

よく出るフレーズ㊶　Track 74

433 ☐☐☐

Every room is equipped with a projector and a screen.

434 ☐☐☐

Our booth is decorated with banners with the corporate logo, so it's easy to identify.

435 ☐☐☐

More than 85 percent of respondents said they are familiar with our TV advertisement.

433
解説　部屋に何かが備わっていることや、商品に何かを搭載していることを伝える表現。

すべての部屋にはプロジェクターとスクリーンが備わっています。

434
解説　装飾関係の表現では、be engraved with...（～が刻まれている）やbe carved with...（～が彫り込まれている）も覚えておこう。

私どものブースは、会社のロゴが書かれた垂れ幕で飾りつけていますので、簡単に見つけられます。

435
解説　be familiar with...では、「詳しく知っているもの」が後ろに続く。

85パーセント以上の回答者が、当社のテレビコマーシャルに慣れ親しんでいると語っています。

■ よく出るフレーズ㊷　　　Track 74

436 □□□

All of the items in the advertisement are currently in stock.

437 □□□

The deposit will be returned upon departure if the room is maintained in good condition.

438 □□□

We will send you a voucher for a future purchase.

---

436 解説　在庫に関する文書は頻出する。ちなみに、「在庫切れ」はout of stockという。また、in stockはavailableに、out of stockはunavailableに言い換えることができる。

広告にあるすべての商品は現在、在庫があります。

437 解説　in...conditionは、部屋や物品、体調などの状態を伝える表現。in bad conditionなら悪い状態を表す。

部屋がよい状態で維持されていれば、保証金はご出発の際に返金されます。

438 解説　a future purchaseを使った表現として、40 percent discount off a future purchaseのように割引率とともに伝えられることも多い。

お客様には、今後のお買い物に利用できる割引券をお送りいたします。

■ よく出るフレーズ㊸　　　Track 75

439 □□□

Dryson's Camping manufactures a huge selection of outdoor gear.

440 □□□

Kasumi's Café serves a wide variety of beverages.

441 □□□

You can choose from a wide array of dishes to meet your needs and budget!

---

439 解説　商品の種類を表す言い方。たくさんの商品を扱っている店や製造業者の売り文句に使われることも多い。

Dryson's Campingは、豊富な品数のアウトドア用品を製造しています。

440 解説　数が豊富であることを伝える場合に最もよく使われる表現。

Kasumi's Caféでは、さまざまな種類の飲み物を提供しています。

441 解説　ケータリング会社の文面でよく使われるフレーズ。meet your needs and budgetも重要表現。

お客様は、必要と予算に応じて豊富な種類のお料理からお選びいただけます。

■ よく出るフレーズ㊹　　　　　　　　　　　Track 75

442 ☐☐☐

Complete Guide to Travel provides a broad range of tips to help you travel abroad.

443 ☐☐☐

The workshop is organized as a series of fifteen-minute blocks.

444 ☐☐☐

Quick Retailing has launched a new line of summer clothes.

442
解説　broad range of...の代わりに、wide range of...が使われることも多い。

*Complete Guide to Travel*には、海外旅行に役立つ広範なアドバイスが記載されています。

443
解説　連続ものであることを伝えるときに使われる。小説の「ハリー・ポッター」シリーズは、a series of seven novels（7篇の小説のシリーズ）といえる。

そのワークショップは、15分単位のシリーズで構成されています。

444
解説　新製品のことをnew lineという。また、「全商品」のことをcomplete line of productsといい、重要表現である。

Quick Retailing社は、夏服の新商品を発売しました。

よく出るフレーズ㊺　Track 76

445

It will take **a great deal of** effort to get things done.

446

We are expecting **a large number** of visitors on the opening day.

447

This compact device can store **a large amount of** data.

---

445 解説　努力などの量の大きさを伝える表現。a great deal of time（相当な時間）のようにいうこともできる。

物事を成し遂げるには、莫大な努力が必要となるでしょう。

446 解説　数が多いことを伝える表現。a large number of participants（数多くの参加者）やa large number of applications（数多くの応募）のように使われる。

開店日には、数多くの訪問客を予測しています。

447 解説　量が多いことを伝える表現。a large amount of information（大量の情報）のように使う。

この小型の装置は、大量のデータを保存することができます。

よく出るフレーズ㊻　　　　　　　　　　Track 76

448

Employee benefits vary according to the length of service.

449

The duration of the research project is three weeks.

450

After completion of the probation period, you will be a certified instructor.

448
解説　length of serviceで勤続年数のこと。

従業員の福利厚生は、雇用の長さによって変わります。

449
解説　durationは「期間」という意味で、duration of the contract（契約期間）のようにも使われる。

その研究プロジェクトの期間は、3週間です。

450
解説　after completion of the course（コース終了後）やafter completing of the inspection（点検完了後）など、幅広く使われる。

見習い期間が終了後、あなたは正式に認定された講師になれます。

著者紹介

早川幸治(はやかわ　こうじ)

明海大学講師。ニックネームはJay。SEから英語教育の道に身を転じ、現在、複数の大学や楽天・パナソニックほか全国の企業研修でTOEIC対策を指導。TOEIC990点(満点)取得。TOEICテストの傾向をおさえた効率的な対策法が好評。主な著書に『日本人の98%はTOEIC®TEST ハイスコア予備軍です！』(集英社)や『新TOEIC®テスト書き込みドリル【全パート入門編】』(桐原書店)、『TOEIC®テスト 出まくりキーフレーズ』『新TOEIC®テスト 出まくり英文法』(共著、いずれもコスモピア)、『新TOEIC®テスト 出る語句1800』(コスモピア)などがある。雑誌連載やセミナーなどの活動も精力的に行っている。
ブログ：「今日から始める英語トレーニング」
(http://ameblo.jp/jay-english)
メルマガ：「基礎単語メール」(毎日配信)
(http://www.jay-toeic.com/)
twitter: @jay_toeic

短期決戦の特効薬！
TOEIC® テスト 出まくりリーディング

2014年8月5日　　第1版第1刷発行

著者／早川幸治

英文校正／Sonia Marshall、Ian Martin
ナレーション／Josh Keller、Emma Howard
音楽／明石隼汰

装丁／見留 裕

発行人／坂本由子
発行所／コスモピア株式会社
　〒151-0053　東京都渋谷区代々木4-36-4　MCビル2F
　　営業部　Tel：03-5302-8378　email：mas@cosmopier.com
　　編集部　Tel：03-5302-8379　email：editorial@cosmopier.com
　　　　　　Fax：03-5302-8399
　　　　　　http://www.cosmopier.com/
　　　　　　http://www.kikuyomu.com/

印刷・製本／シナノ印刷株式会社
録音・CD編集／財団法人　英語教育協議会(ELEC)
CD制作／株式会社メディアスタイリスト

© 2014 Koji Hayakawa

コスモピア　　　　　　　　　　　　　　　　　　全国の書店で発売中！

TOEIC®テスト 出まくりキーフレーズ
1時間で500フレーズを急速チャージ！

TOEICテスト対策のプロ集団が、その出題傾向を徹底的に調べ尽くし、試験に頻出するキーフレーズ500を選定。記憶に残りやすい例文単位で目と耳から急速チャージします。本試験のたびに驚異の出まくり度を記録しています。

[本書の特長]
- 例文中のキーフレーズ以外の単語もTOEICテストやビジネスの頻出語
- キーフレーズはほかの例文にも再登場し、記憶の定着を強化

著者：英語工房
　　　（高橋 基治／武藤 克彦／早川 幸治）
B6判書籍188ページ+
CD1枚（57分）　　　定価 本体1,500円+税

新TOEIC®テスト 出まくり英文法
英文法も例文ごと「耳から覚える！」

「英語工房」が厳選したPART5・6の文法出まくりパターン64を攻略し、問題を見た瞬間に正解がわかるものをグンと増やす1冊。64パターンに沿って作成した例文単位で、耳からも急速チャージ。わずか1時間で効果を実感できます。

[本書の特長]
- 文法項目を盛り込んだ例文単位で覚えるから記憶に定着しやすい
- 例文中にはTOEICテストやビジネスの頻出語がずらり。そのままボキャブラリー対策に

著者：英語工房
　　　（早川 幸治／高橋 基治／武藤 克彦）
B6判書籍200ページ+
CD1枚（58分）　　　定価 本体1,500円+税

コスモピア・サポート

いますぐご登録ください！ 無料

「コスモピア・サポート」は大切なCDを補償します

使っている途中でキズがついたり、何らかの原因で再生できなくなったCDを、コスモピアは無料で補償いたします。
一度ご登録いただければ、今後ご購入いただく弊社出版物のCDにも適用されます。

登録申込方法
本書はさみ込みハガキに必要事項ご記入のうえ郵送してください。

補償内容
「コスモピア・サポート」に登録後、使用中のCDにキズ・割れなどによる再生不良が発生した場合、理由の如何にかかわらず新しいCDと交換いたします（書籍本体は対象外です）。

交換方法
1. 交換を希望されるCDを下記までお送りください（弊社までの送料はご負担ください）。
2. 折り返し弊社より新しいCDをお送りいたします。
　CD送付先
　〒151-0053　東京都渋谷区代々木4-36-4
　コスモピア株式会社「コスモピア・サポート」係

★下記の場合は補償の対象外とさせていただきますのでご了承ください。
- 紛失等の理由でCDのご送付がない場合
- 送付先が海外の場合
- 改訂版が刊行されて6カ月が経過している場合
- 対象商品が絶版等になって6カ月が経過している場合
- 「コスモピア・サポート」に登録がない場合

*製品の品質管理には万全を期していますが、万一ご購入時点で不都合がある「初期不良」は別途対応させていただきます。下記までご連絡ください。

連絡先：TEL 03-5302-8378
　　　　FAX 03-5302-8399
「コスモピア・サポート」係

●直接のご注文は ➡ www.cosmopier.net/shop/

コスモピア　　　　　　　　　　　　　　　　　　　　　　　　　　　　全国の書店で発売中！

TOEIC®テスト
出まくりリスニング
PART2・3・4用の音の回路を頭の中につくる！

リスニング問題頻出の「決まった言い回し」、こういう場面・状況ではこんな会話が交わされるという定型表現を繰り返し聞き込むと、音声が流れてきた瞬間に情景が思い浮かぶようになります。会話の展開パターンを脳にインプットして、大幅スコアアップ実現。

【本書の特長】
- PART2「A→B」の会話を300、PART3「A→B→A」「A→B→A→B」の会話を40、PART4のアナウンスやトークを20パターン収録
- 赤シート付き。ディクテーション学習用シートはウェブから無料ダウンロードできます

著者：神崎 正哉
B6判書籍187ページ+
CD1枚（64分）　　定価 本体1,500円+税

新TOEIC®テスト
出る語句1800
ショートストーリーの中で覚える！

1冊まるごとビジネス・ストーリー仕立て。PART3形式の短い会話、PART4形式のスピーチやアナウンスの中に、頻出語句が4つずつ入っています。ストーリーの流れに沿って関連語が次々登場するので、記憶への定着率は抜群。単語の使い方ごと身につきます。

【本書の特長】
- 「単語」→「意味」→「例文で確認」の単調な繰り返しではありません。ストーリーがあるので、最後まで楽しく続けられます
- CDは4カ国の発音に対応。まとまった量を聞くPART3・4対策に速効があります

著者：早川 幸治
B6判書籍284ページ+
CD2枚（47分、52分）　定価 本体1,600円+税

TOEIC®テスト
超リアル模試600問
カリスマ講師による模試3回分の決定版！

600問の問題作成、解説執筆のすべてを著者自らが手掛け、細部までこだわって本物そっくりに作り込んだリアル過ぎる模試。さらにCD-ROM収録の音声講義を実況中継的に聞くことで、990点満点取得者の視点や解答のリズム感を共有できます。

【本書の特長】
- わかりやすさで定評ある解説は持ち運びに便利な3分冊。問題もすべて解説書に再掲載しており、どこでも手軽に復習できます
- 各問のモニターテストの正答率、各選択肢の誤答率も公開。弱点を客観的に把握できます

著者：花田 徹也
A5判書籍530ページ+
CD-ROM
（MP3音声202分）　定価 本体1,800円+税

TOEIC®テスト模試
ハイレベル1000問
難問に挑戦してハイスコア獲得！

最新の出題傾向を忠実に反映しつつ、本試験よりもレベルをやや高めに設定した問題を5回分準備。これらに慣れておけば、本番がグンとラクに感じられ、リーディングで時間切れを起こすことも無論なくなります。900点超をめざす方に断然おすすめ。

【本書の特長】
- 長文問題も解きやすいB5サイズ
- 「解答解説編」は取り外し可能。手軽に持ち歩いて復習できます
- ディクテーション・トレーニングと重要語句トレーニング用のPDFをCD-ROMに用意

著者：キム・ヨンジュン／ネクサスTOEIC研究所
B5判書籍492ページ+
CD-ROM
（MP3音声+PDF）　定価 本体2,400円+税

●直接のご注文は　➡ www.cosmopier.net/shop/

TOEIC®スピーキングテスト リアル模試15回
Windows完全模試プログラム搭載！

自宅のパソコンで、本番そっくりのスピーキング模試が15回も受けられます。画面上でカウントダウンする制限時間内にマイクで自分の解答を録音。CD-ROMにはMP3音声も収録しています。いきなり録音は無理という方も、本誌を使って何度でも事前練習できます。

【本書の特長】
- 模範解答例に加えて、やさしい単語と構文のみを使ったシンプル別解例も掲載
- 受験後は、自分の音声と模範解答例を聞いて復習。模範解答のテキストも画面にON/OFF可

Windows 8/7/Vista/XP対応

著者：キム・キョンア
日本語版監修：安河内 哲也
A5判書籍386ページ
+CD-ROM

定価 本体2,600円+税

990点満点講師はどのようにTOEIC®テストを解いているか
解答のプロセスを秒単位で再現！

本試験で990点満点を連発しているカリスマ講師陣に全PARTのサンプル問題を解いてもらい、三者三様の解答のフローを秒単位で誌面に再現。いわば頭の中を「のぞき見」することで、短時間で正解にたどり着くヒントを探ります。

【本書の特長】
- 最初の何秒で何をし、どんな過程を経て何秒で正解を導き出したかを忠実に公開
- 著者3名の座談会も掲載
- 満点を狙う難単語100をリストアップし、例文と解説を掲載。音声は無料ダウンロード

著者：神崎 正哉／早川 幸治／TEX加藤
四六判書籍192ページ

定価 本体1,500円+税

TOEIC®テスト リスニング 正解がわかるキーワード
ハイスコアに直結する正答例はこれだ！

PART1～4の頻出場面や必須トピックを網羅し、1問につき数種類の正答例を用意。PART1は誤答例も挙げ、引っかかりがちなポイントを確認。正答例を繰り返し、大量にインプットして完全消化すれば、飛躍的にスコアが上がります。

【本書の特長】
- 音声は米英・男女の組み合わせで2回ずつ録音
- 見やすいレイアウトに加え、音声は478に細かくトラック分け。学習のしやすさはバツグン
- リスニングセクション完全模試付き

著者：高橋 基治／ポール・アンダーウッド
A5判書籍252ページ+CD-ROM
（MP3音声175分）

定価 本体2,000円+税

大学生のためのTOEIC®テスト入門
超人気講師陣8名がアドバイス！

安河内哲也、早川幸治、神崎正哉、TEX加藤、高橋基治、森田鉄也、濱﨑潤之輔、鈴木淳というカリスマコーチが集結。「英語は苦手・キライだけど、できるようになりたい」と願う入門者に、ジャンル別学習法や教材の選び方をアドバイスします。

【本書の特長】
- 楽天の人事担当者にインタビュー
- 先輩社会人の現場レポート
- 実戦ミニ模試付き!!。リスニング問題と早川先生の音声講義は無料ダウンロード

コスモピア編集部 編
B5判書籍122ページ

定価 本体1,100円+税

●直接のご注文は ➡ www.cosmopier.net/shop/

英会話1000本ノック〈ビジネス編〉
会話のマナーからプレゼンテクニックまで!

あいさつ、自己紹介から始まり、状況で7段階に使い分けるお礼とお詫びの表現や電話応対を特訓。さらにスケジューリング、大きな単位の数字の攻略、Noをビジネスライクに言う表現、プレゼンまで練習します。回答例入りと質問のみの、両パターンの音声をMP3形式で用意。

著者:スティーブ・ソレイシィ
A5判書籍218ページ+CD-ROM
(MP3音声430分)
定価 本体2,000円+税

英会話1000本ノック
まるでマンツーマンの英会話レッスン!

ひとりで、どこでもできる画期的な英会話レッスン。ソレイシィコーチが2枚のCDから次々に繰り出す1000本の質問に、CDのポーズの間にドンドン答えていくことで、沈黙せずにパッと答える瞬発力と、3ステップで会話をはずませる本物の力を養成します。ソレイシィコーチの親身なアドバイスも満載。

著者:スティーブ・ソレイシィ
A5判書籍237ページ+
CD2枚(各74分)
定価 本体1,800円+税

英会話1000本ノック〈本番直前編〉
明日にも英語が必要というときに!

短時間で「英語スイッチ」を入れる直前トレーニング本。突然道を聞かれた、海外旅行に行く、外国人のゲストを出迎える、一緒に食事をすることになった……。いろいろな場面を想定し、6往復から12往復のシミュレーション会話にチャレンジ。英語を話さざるを得ないピンチをチャンスに変えましょう。

著者:スティーブ・ソレイシィ
A5判書籍222ページ+CD-ROM
(MP3音声402分)
定価 本体1,800円+税

英会話1000本ノック〈入門編〉
初心者にやさしいノックがたくさん!

『英会話1000本ノック』のCDに収録されているのが質問のみであるのに対し、『入門編』は質問→ポーズ→模範回答の順で録音されているので、ポーズの間に自力で答えられないノックがあっても大丈夫。5級からスタートして、200本ずつのノックに答えて1級まで進級するステップアップ・レッスンです。

著者:スティーブ・ソレイシィ
A5判書籍184ページ+
CD2枚(72分、71分)
定価 本体1,680円+税

こんなとき、英語ではこう言います
「お世話になっております」って何て言う?

「よろしくお願いします」「お疲れさま」「おかげさまで」……、毎日のように口にする言葉がすんなり英語にならないことがあります。どうして直訳できないのかを、文化的背景や発想の違いから説明。「ヤバイ」「なんとなく」など、よく使うひとこと、言えそうで言えない感情表現までカバー。

著者:クリストファー・ベルトン
翻訳:渡辺 順子
B6判書籍206ページ
定価 本体1,300円+税

英語で語るニッポン
現代日本の実生活を話してみよう

たこ焼き、発泡酒、ゴミの出しかた……、日本のことを外国人に説明しようというとき、ぴったりの英単語が思い浮かばなくても、今の英語力で上手に表現できるテクニック9つを伝授。日本人の価値観や生活のルールなどの説明も適宜加えながら、やさしい話し言葉スタイルで構成しています。

コスモピア編集部 編
A5判書籍235ページ
定価 本体1,800円+税

●直接のご注文は ➡ www.cosmopier.net/shop/

コスモピア　　全国の書店で発売中！

決定版 英語シャドーイング〈超入門〉
ここからスタートするのが正解！

シャドーイングは現在の英語力より何段階か下のレベルから始めると、コツがうまくつかめます。そこでひとつが20〜30秒と短く、かつスピードもゆっくりの素材を集めました。日常会話や海外旅行の定番表現、実感を込めて繰り返し練習できる感情表現がたくさん。記録手帳付き。

編著：玉井 健
A5判書籍210ページ＋
CD1枚（73分）
定価 本体1,680円＋税

英会話 超リアルパターン500＋
出だしのパターンを徹底トレーニング！

「最初のひとことが出てこない」人におすすめ。英文を頭の中で組み立てるのではなく、出だしのパターンをモノにすれば、続けてスラスラと話せるようになります。さらに本書の特長は例文のリアルさ。「覚えてもまず使わない」例文ではなく、生々しくて面白い表現がズラリ。

著者：イ・グァンス／イ・スギョン
A5判書籍293ページ＋
ミニブック＋CD-ROM
（MP3音声280分）
定価 本体1,800円＋税

英語シャドーイング練習帳
多種多様な「なま音声」を聞き取る！

プロのナレーターが台本を読むスタジオ録音と、普通の人が普通に話す英語には相当なギャップが。出身地も年代もバラバラの20名以上の英語をシャドーイングして、音のデータベースを頭の中に築きましょう。ノンネイティブを意識したゆっくりレベル、少しゆっくりレベル、ナチュラルレベルの3段階で構成。

著者：玉井 健／中西のりこ
A5判書籍202ページ＋
CD-ROM
（MP3音声126分）
定価 本体1,800円＋税

英会話 超リアルパターン500＋〈海外ドラマ編〉
TVドラマのワンシーンが英会話の先生！

『シャーロック』『CSI』『グリー』などの海外ドラマ45作品から、ネイティブがよく使う出だしのパターンを厳選。どのシーンでどう使われたのかを具体的に再現しているため、ニュアンスがよく分かります。字幕に頼りきりだったセリフも、英語のまま聞き取れるケースがグンと増えます。

著者：イ・グァンス／イ・スギョン
A5判書籍294ページ＋
ミニブック＋CD-ROM
（MP3音声349分）
定価 本体1,800円＋税

ジャズで学ぶ英語の発音
スタンダード曲を歌えば、みるみる上達！

「チーク・トゥ・チーク」「ルート66」「慕情」など、すべての英語の発音のポイントを網羅する10曲を選定。発音だけでなく、相手に効果的に伝える表現力も身につきます。CDには著者のノリのいいDJ風講義、ヴォーカリストたちの「練習前」「練習後」の発音、練習の成果を発揮する歌を収録。

著者：中西のりこ／中川 右也
A5判書籍188ページ＋
CD-ROM
（MP3音声150分）
定価 本体2,100円＋税

英会話 超リアルパターン500＋〈ビジネス編〉
パターン作戦で電話も会議も乗り切ろう！

有用度100％の出しパターンで始まる会議、プレゼン、交渉、出張などの仕事の現場をリアルに再現した会話例はワクワクもの。必要なことをしっかり主張しつつ、相手の感情を損ねることのないように微妙なニュアンスも考慮した、ワンランク上の言い回しが学べます。

著者：ケビン・キュン
A5判書籍288ページ＋
ミニブック＋CD-ROM
（MP3音声340分）
定価 本体1,800円＋税

●直接のご注文は ➡ www.cosmopier.net/shop/

コスモピア

全国の書店で発売中！

めざせ！100万語 英語多読入門
やさしい本からどんどん読もう！

「辞書は引かない」「わからないところはとばす」「つまらなければやめる」の多読三原則に従って、ごくやさしい本からたくさん読むことが英語力アップの秘訣。本書を読めば、多読の効果とその根拠、100万語達成までの道のりのすべてがわかります。洋書6冊を本誌に収め、CDには朗読を収録。

監修・著：古川 昭夫
著者：上田 敦子
A5判書籍236ページ＋CD1枚（50分）

定価 本体1,800円＋税

ジャンル別 洋書ベスト500
洋書コンシェルジュが厳選しました！

1995年にアメリカに移住し、現地の編集者や図書館員からも本のアドバイスを求められる著者が、日本人のためにおすすめ洋書500冊を厳選。現代文学、古典、ミステリから、児童書、ビジネス書まで幅広い分野をカバーし、英語レベルは入門から超上級まで5段階表示、さらに適正年齢も表示。

著者：渡辺 由佳里
A5判書籍286ページ

定価 本体1,800円＋税

英語多読完全ブックガイド〈改訂第4版〉
日本で唯一の本格的洋書ガイド

リーダー、児童書、ペーパーバックなど、多読におすすめの洋書14,000冊を選定。英語レベル別に特選本を詳しく紹介しているほか、すべての本に、読みやすさレベル、おすすめ度、総語数、ジャンル、コメント、ISBNのデータを掲載。次にどの本を読もうと思ったときにすぐに役立つ、多読必携の1冊。

編著：古川 昭夫／神田 みなみ
A5判書籍524ページ

定価 本体2,800円＋税

読みながら英語力がつく やさしい洋書ガイド
ほんとにほんとにやさしい本から読もう

長年ネットで洋書を紹介している著者が本選びのアドバイス。学習者用リーダーは割愛し、アメリカの小学生が読む本を中心に選定しています。多民族国家アメリカの行事や習慣がわかる本、その日の気分に合わせて楽しめる本、しつけや教育方針が盛り込まれた本など全202冊。

著者：佐藤 まりあ
A5判書籍157ページ

定価 本体1,400円＋税

子どもをインターナショナルスクールに入れたいと思ったときに読む本
知られざる多文化世界の泣き笑い体験記

ふたりの子どもを18年間インターナショナルスクールに通わせた著者が、いいところも困ったところもありのままに公開。基本情報から始まって、お金はいくらかかるのか、親の英語力は、子どもの日本語力はどうなるなど、外からは見えにくい内部事情がこれ1冊でわかります。

著者：平田 久子
四六判書籍244ページ

定価 本体1,500円＋税

「ハリー・ポッター」Vol.1が英語で楽しく読める本
原書で読めばもっともっと楽しい！

原書と平行して活用できるガイドブック。章ごとに「章題」「章の展開」「登場人物」「語彙リスト」「キーワード」で構成し、特に語彙リストには原書のページと行を表示しているので、辞書なしでラクラク読み通すことができます。呪文や固有名詞の語源や、文化的背景まで詳しく解説。

Vol.2〜7も好評発売中！

著者：クリストファー・ベルトン
翻訳：渡辺 順子
A5判書籍176ページ

定価 本体1,300円＋税

●直接のご注文は ➡ www.cosmopier.net/shop/

英米リーダーの英語
スピーチの達人14名に学ぼう!

チャーチル、リンカーンからシェリル・サンドバーグ、キャサリン妃まで、英米の名スピーチを対比させながら、ビジョンを示し、説得し、モチベーションを高め、共感を呼び起こすテクニックを徹底解説します。スピーチ原稿の書き方、話すスピードや間の取り方などの基本も説明。

著者:鶴田 知佳子／柴田 真一
A5判書籍190ページ+
CD1枚(75分)

定価 本体2,000円+税

完全保存版 オバマ大統領演説
キング牧師のスピーチも全文収録!

オバマ大統領の就任演説、勝利宣言、いまや伝説の民主党大会基調演説など5本の演説を全文収録。キング牧師「私には夢がある」演説、ケネディ大統領就任演説も肉声で全文収録。さらにリンカーンとルーズベルトも加えた決定版。英文・対訳・語注とそれぞれの演説の背景解説を付けています。

コスモピア編集部 編
A5判書籍192ページ+
CD2枚(70分、62分)

定価 本体1,480円+税

世界経済がわかる リーダーの英語
ダボス会議の白熱のセッションに学ぶ!

カルロス・ゴーン、キャメロン英首相、フェイスブックのサンドバーグCOOをはじめとする、政財界のリーダー27名の英語スピーチをダボス会議から選定。欧州経済危機、中国やインドの動向などに関するセッションの背景解説から始まり、英文、和訳、語注、キーワード解説、専門用語リストを付けています。

著者:柴田 真一
A5判書籍204ページ+
CD1枚(66分)

定価 本体2,100円+税

成功する英語プレゼン
プライベートレッスン形式で学ぶ

「プレゼン、しかも英語……」、二重の苦手意識を同時に克服しましょう。「イントロ→ボディ→コンクル」の基本構成から、発音、人を引きつける表現の選び方、話し方のテクニックまで、英語音声学のプロの著者がレクチャー。Amazon.comのジェフ・ベゾス、楽天の三木谷浩史のプレゼン例も掲載。

著者:米山 明日香
A5判書籍271ページ+
CD1枚(60分)

定価 本体2,200円+税

ダボス会議で聞く世界の英語
ノンネイティブの英語をリスニング!

緒方貞子、マハティール、アナン、ラーニア王妃など、ノンネイティブを中心に20カ国、26名の政財界のリーダーのスピーチを集めました。地球温暖化、テロ、エネルギー資源といった、世界共有のテーマの多種多様な英語のリスニングに挑戦し、自分らしい英語を堂々と話す姿勢を学び取りましょう。

著者:鶴田 知佳子／柴田 真一
A5判書籍224ページ+
CD1枚(64分)

定価 本体2,100円+税

表現英文法
表現する視点に立って英文法を体系化

文法項目の羅列ではなく、英文法を全体像からとらえ直して再編成・体系化。学習者の「なぜ」に答える本質的な解説と、小説や映画、スピーチなどから抽出した生きた例文を豊富に収録しています。インデックスは英語と日本語のほか、「質問」からも引ける点が画期的。「使える」文法書の決定版です。

著者:田中 茂範
A5判書籍682ページ

定価 本体1,800円+税

●直接のご注文は ➡ www.cosmopier.net/shop/

通信講座

CosmoPier

パソコン・iPhone・iPad・Android端末でも学習できます!

TOEIC®テスト スーパー入門コース【ハイブリッド版】

まずはリスニングからスタート。「聞くこと」を通して、英語の基礎固めとTOEICテスト対策の2つを両立させます。

開始レベル	スコア300点前後または初受験
目標スコア	400点台
学習時間	1日20分×週4日
受講期間	3カ月
受講料	16,000円+税

TOEIC®テスト GET500コース【ハイブリッド版】

英語を、聞いた順・読んだ順に英語のまま理解する訓練を積み、日本語の介在を徐々に減らすことでスコアアップを実現します。

開始レベル	スコア400点前後
目標スコア	500点台
学習時間	1日20分×週4日
受講期間	3カ月
受講料	22,000円+税

TOEIC®テスト GET600コース【ハイブリッド版】

600点を超えるには時間との闘いがカギ。ビジネスの現場でも必須となるスピード対策を強化し、さらに頻出語彙を攻略します。

開始レベル	スコア500点前後
目標スコア	600点台
学習時間	1日30分×週4日
受講期間	4カ月
受講料	31,000円+税

TOEIC®テスト GET730コース【ハイブリッド版】

ビジネス英語の実力をつけることで、730点を超えるコース。特に長文パートの攻略に重点を置き、速読と即聴のスキルを磨きます。

開始レベル	スコア600点前後
目標スコア	730点以上
学習時間	1日40分×週6日
受講期間	4カ月
受講料	36,000円+税

監修 田中宏昌 明星大学教授

NHK「ビジネス英会話」「英語ビジネスワールド」の講師を4年にわたって担当。ビジネスの現場に精通している。

●大手企業でも、続々と採用中!
【採用企業例】
NEC/NTTグループ/三菱東京UFJ銀行/大同生命保険/いすゞ自動車/旭化成/京セラ/伊藤園/エイチ・アイ・エス/アスクル 他

詳しくはwebで

＊立ち読み・CD試聴ができます!
www.cosmopier.com

主催 コスモピア 〒151-0053 東京都渋谷区代々木4-36-4 TEL 03-5302-8378

TOEIC is a registered trademark of Educational Testing Service(ETS). This product is not endorsed by ETS.